AF345188

CHARLES IX,

OU

L'ÉCOLE DES ROIS,

TRAGÉDIE.

M. J. DE CHÉNIER

de l'Institut de France

Né à Constantinople en 1764

CHARLES IX,

OU

L'ECOLE DES ROIS,

TRAGÉDIE;

PAR MARIE-JOSEPH DE CHÉNIER.

Avec Figures.

Prix, 4 livres 10 sous.

DE L'IMPRIMERIE DE P. FR. DIDOT JEUNE.

A PARIS,

Chez BOSSANGE et Compagnie, Commissionnaires en
Libraire, rue des Noyers, n°. 33;

Et A NANTES, chez LOUIS, Libraire, place de
Louis XVI.

M. DCC. LXXXX.

ÉPITRE DÉDICATOIRE

A LA

NATION FRANÇAISE.

FRANÇAIS mes concitoyens, acceptez l'hommage de cette tragédie patriotique. Je dédie l'ouvrage d'un homme libre à une Nation devenue libre. Sous le despotisme avilissant dont vous avez à peine secoué le joug, l'avarice et la

flatterie dictaient les épitres dédicatoires.
Ainsi le sublime Corneille comparait
Jules César à Jules Mazarin ; ainsi Voltaire mettait Tancrède sous la protection des maîtresses de Louis XV ; ainsi
l'esclavage rappetissait la Nation entière,
et jusqu'aux hommes que leur génie pla-
çait infiniment au dessus des autres.
Malgré leurs efforts, ils descendaient
eux-mêmes au niveau du gouvernement ;
tant il est vrai qu'il ne saurait exister
de grandeur morale où la liberté n'existe
pas ! Comment pouvait-on parler de vertu
chez une Nation qui supportait une
Bastille et des lettres-de-cachet ?

Ces abus monstrueux ne sont plus.
Vous avez anéanti l'autorité arbitraire ;
vous aurez des lois et des mœurs. Votre
scène doit changer avec tout le reste.
Un théâtre de femmelettes et d'esclaves
n'est plus fait pour des hommes et pour

des citoyens. Une chose manquait à vos excellens poëtes dramatiques : ce n'est pas du génie certainement ; ce ne sont point des sujets ; c'est un auditoire. Dans le dernier siècle, Britannicus avoit cinq représentations ; Bérénice en avait trente. C'est que les Français de ce tems-là connaissaient mieux la princesse de Clèves que Tacite.

J'ai conçu, j'ai exécuté avant la révolution, une tragédie que la révolution seule pouvait faire représenter. Les gens que cette révolution contrarie, et qui, dans le moment ou j'écris, commencent à lever la tête avec une audace qui n'est que ridicule, n'ont pas manqué de trouver atroce que la Saint-Barthelemi fût offerte aux yeux du peuple français. Mais Voltaire, dont l'autorité est aussi grande que la leur est misérable, Voltaire, après avoir crayonné dans sa Henriade ce grand et terrible sujet, prédit des tems heureux où il sera transporté sur la scène nationale. Ceux qui sont encore gouvernés par des préjugés ne sont pas Français. Qu'ils courent dans le nord retrouver la féodalité ; qu'ils choisissent pour leur patrie ces belles et déplorables contrées où l'inquisition abâtardit les hommes, anéantit les vertus, les talens, l'industrie, et parvient à rendre stériles les champs les plus favorisés par le soleil. Je n'ai pas besoin d'assurer ces mauvais citoyens de mon profond mépris pour eux. Je m'honorerai de leurs injures devant mes contemporains et devant la postérité. Ils sont mes ennemis, parce qu'ils détestent la liberté. Je n'en resterai point là ; qu'ils frémissent. D'autres grands sujets s'offrent en foule à ma plume ; et, malgré ma jeunesse, le tems pourra me manquer, mais jamais la volonté, jamais le courage.

Ces hommes si éclairés, osent dire qu'il n'y a plus de fanatisme religieux au dix-huitième siècle. Mais les horribles procès, les assassinats juridiques de Jean Calas et du chevalier de Labarre sont du dix-huitième siècle. Mais bien plus récemment, on a refusé d'ensevelir dans Paris un vieillard couvert de gloire, le génie le plus brillant qu'ait eu la France, l'auteur d'Alzire et de Mahomet, le défenseur des Calas et du chevalier de Labarre. Quel était le crime de Voltaire? d'avoir lutté soixante ans contre le fanatisme. Qu'est-ce qui s'est vengé? le fanatisme? Qu'est-ce qu'il faut écraser? le fanatisme. Il rampe, mais il existe encore; il écrit de plats libelles anonymes, des mandemens d'évêques contre l'Assemblée nationale, et d'infames journaux où tous les bons citoyens sont outragés à tant la feuille.

A iij

Ce sont ces mêmes hommes, qui, pour le malheur de la France, ne sont pas tous au-delà des frontières, ce sont eux qui ont osé porter jusqu'au pied du trône d'insolentes calomnies contre une pièce aussi morale qu'énergique. O Louis XVI! roi plein de justice et de bonté, vous êtes digne d'être le chef des Français. Mais des méchans veulent toujours établir un mur de séparation entre votre peuple et vous. Ils cherchent à vous persuader que vous n'êtes point aimé de ce peuple. Ah! venez au théâtre de la Nation quand on représente CHARLES IX : vous entendrez les acclamations des Français; vous verrez couler leurs larmes de tendresse ; vous jouirez de l'enthousiasme que vos vertus leur inspirent ; et l'auteur patriote recueillera le plus beau fruit de son travail.

Femmes, sexe timide et sensible, fait

pour être la consolation d'un sexe qui est votre appui, ne craignez point cette austère et tragique peinture des forfaits politiques. Le théâtre est d'une influence immense sur les mœurs générales. Il fut long-tems une école d'adulation, de fadeur et de libertinage : il faut en faire une école de vertu et de liberté. Les hommes n'y recevront plus de ces molles impressions qui les dénaturent. Ils deviendront meilleurs et plus dignes de votre amour : ils redeviendront des hommes. Les mœurs des villes ne se modéleront plus sur les mœurs dépravées de la cour. On ne verra plus en France, hommes et femmes, sans pudeur et même sans passions, troquer de sexe, pour ainsi dire, et se déshonoser mutuellement par cet échange monstrueux.

Pères de famille, laissez fréquenter à vos enfans ces spectacles sévères. Avec

le respect des lois et de la morale, ils
y puiseront le goût de notre histoire,
étrangement négligée dans les colléges.
Et vous, enfans, nation future, espérance de la patrie et d'un siècle qui
n'est pas encore, vous ne serez point les
hommes des anciens préjugés et de l'an-
cien esclavage ; vous serez les hommes
de la liberté nouvelle. C'est à vous sur-
tout que mes écrits conviennent. Je sais
qu'un philosophe, un poëte, un écrivain, ne doit attendre de justice com-
plète que lorsqu'il n'en peut plus jouir,
et qu'il est enseveli dans la poussière
du tombeau. Mais ceux qui commencent
la vie sont peu jaloux de ceux qui ap-
prochent du terme ; et si j'existe encore
dans trente années, au milieu des clabauderies qui m'auront suivi dès ma
jeunesse, vos suffrages consoleront sans
doute la vieillesse du poëte national.

Nation spirituelle, industrieuse et magnanime, vous avez daigné accueillir les prémices d'un faible talent qui vous sera toujours consacré. Soutenez-moi dans la carrière pénible que je veux fournir. J'ai désormais pour ennemis irréconciliables tous ceux qui devaient leur existence aux préjugés, tous ceux qui regrettent la servitude. Je dois avoir pour amis tous ceux qui chérissent la patrie, tous les véritables Français. Vous donnez un grand exemple au monde. Le reste de l'édifice féodal va bientôt s'écrouler sous les efforts de l'auguste Assemblée qui vous représente. Votre admirable constitution est fondée sur l'égalité. Nous verrons disparaître ces titres, ces distinctions anti-sociales, ces différences absurdes qu'on n'a point rougi de reconnaître entre l'homme et l'homme, entre la terre et la terre. Si la tyrannie ou l'esclavage osent encore se montrer à

découvert, que votre théâtre en fasse justice, et devienne en tout rival du théâtre
d'Athènes. Mais c'est à vous , c'est à la
Nation seule qu'il appartient de protéger
les poètes citoyens qui descendront dans
cette lice glorieuse pour terrasser les
ennemis de la Nation.

15 décembre 1789.

———————

DISCOURS

PRÉLIMINAIRE.

Suivant l'opinion d'un grand génie de l'antiquité, la tragédie est plus philosophique et plus instructive que l'histoire même. S'il faut entendre par tragédie un roman d'environ quinze cents vers, chargé d'épisodes, écrit d'une manière lâche et boursoufflée, dont l'unique but est d'intéresser, pendant deux heures, par une intrigue adroitement combinée, et semée de quelques situations piquantes, on ne sauroit être, sur ce point, de l'avis d'Aristote ; et ce poème, bien loin d'avoir l'importance qu'il lui donne, n'est guère audessus d'un opéra comique.

Mais si, pour composer une excellente tragédie, le choix nécessaire d'un *seul* fait intéressant et vraisemblable n'est presque rien ; s'il faut des caractères dessinés fortement, puisés dans la belle nature, et se faisant ressortir les uns les autres par un contraste perpétuel; si ce grand mérite n'est rien encore ; si l'on doit écrire l'ouvrage en vers ; si les vers doivent être toujours travaillés sans que le travail se fasse sentir ; toujours pleins de poésie, sans que le poète s'étale, pour ainsi dire ; forts sans dureté, majestueux sans enflure, simples sans familiarité, harmonieux sans que l'harmonie coûte rien au sens ; s'il faut, par la magie de l'éloquence, remuer les cœurs, et faire verser des larmes de pitié ou d'admiration, et tout cela, pour inculquer aux hommes des vérités importantes, pour leur inspirer la haine de la tyrannie et de la superstition, l'horreur du crime, l'amour de la vertu et de la liberté, le respect pour les lois et pour la morale, cette religion universelle : si tel est, dis-je, le but de la tragédie, si telles sont les qualités nécessaires pour approcher, dans ce genre, de la perfection qu'il est impossible d'atteindre ; on est forcé de se ranger à l'avis d'Aristote, et d'avouer qu'un pareil poème est la production la plus philosophique et la plus imposante du génie des hommes. Aucun ouvrage n'exige un esprit aussi flexible, une aussi grande variété de talens et de connaissances.

Voilà ce qu'était la tragédie dans Athènes. Ajoutez qu'on n'y représentait que des pièces nationales. Le théâtre grec retentissait des louanges de la Grèce et de ses héros, quelquefois même des vivans. Les guerriers qui, à Salamine, avaient vaincu le grand roi, entendaient célébrer leur vaillance dans la tragédie des Perses. Souvent, en faisant parler les fameux personnages des tems passés, le poète insérait dans sa pièce des détails relatifs aux tems présens. L'Œdipe à Colonne, entre autres, est plein d'allusions à la guerre du Péloponèse. Peut-on s'étonner, après cela, de l'enthousiasme qu'inspiraient à la Nation la plus sensible de la terre, ces chefs-d'œuvre d'éloquence, représentés sur des théâtres magnifiques, avec un appareil digne des poètes et de l'auditoire ? Les spectacles dans la Grèce étaient des fêtes publiques, et laissaient de-

traces profondes, parce qu'ils n'étaient pas trop souvent répétés.

Le poète sublime qui a créé la scène française, avait tous les talens nécessaires pour l'élever à la hauteur du théâtre grec; mais des obstacles sans nombre l'en ont empêché. D'abord il était impossible de traiter dignement des sujets nationaux sous le règne absolu du cardinal de Richelieu. Les malheurs de la France, occasionnés presque toujours par la faiblesse des rois, par le despotisme des ministres et l'esprit fanatique du clergé, auraient nécessairement rempli de véritables pièces nationales. Le gouvernement n'était point assez raisonnable pour les permettre, et les Français n'étaient pas encore capables de les sentir.

Quant aux défauts de Corneille, on a dit souvent qu'il les devait à son siècle, et rien n'est plus vrai : mais on pouvait ajouter qu'il les a rendus très-dangereux, en leur donnant une force qui appartenait à son génie, et qui les a consacrés comme des beautés dans l'esprit de la multitude.

Les romans de la Calprenède et de mademoiselle Scudéri, étaient devenus en France une espèce de poétique du théâtre. De là ces intrigues sans fin, ces noms supposés, ces épisodes continuels, ces passions sans naïveté, et, pour tout dire en un mot, cette nature factice que tant de mauvais critiques ont ridiculement préférée à l'exquise simplicité de la scène grecque. Le Cid fit pleurer toute la France ; Cinna fixa notre langue ; on admira dans Horace des beautés inconnues avant Corneille : mais ce génie vieillissant produisit une foule de pièces aussi monstrueuses pour les mœurs que pour la diction. Il semblait vouloir replonger le théâtre dans la barbarie dont ses chefs-d'œuvre l'avaient tiré.

Racine ne bannit pas entièrement l'afféterie qui s'était emparée du théâtre ; mais il sut mettre dans ses vers le naturel le plus élégant ; il rejeta cette froide métaphysique prodiguée avant lui jusqu'au sein des conjurations, du parricide et de l'inceste. On ne vit plus paraître ces sublimes princesses qui ne s'abaissaient jamais à pleurer. Cependant, par les suites d'un goût détestable, les larmes de Monime, d'Andromaque et d'Iphigénie, ne faisaient pas soupçonner au public qu'il avait admiré des fautes énormes. Nombre de gens regrettaient encore le ton mâle et guindé de Viriate et de Pulchérie.

On chercherait en vain dans Racine des détails politiques comparables aux beaux morceaux de Cinna ; mais il y a plus de morale dans ses bons ouvrages que dans ceux de Corneille. Après avoir abandonné la scène à trente-huit ans, il conçut dans son loisir, trop long pour la gloire de notre littérature, il conçut, dis-je, qu'il pouvait surpasser Corneille et lui-même, et peut-être égaler Sophocle. Il fit Athalie, l'ouvrage le plus philosophique qui eût encore illustré la scène française. Ce chef-d'œuvre n'est pas dirigé contre le fanatisme; on ne l'eût pas souffert à la cour: mais il est dirigé contre les flatteurs, contre les prêtres courtisans, contre la politique cruelle des ambitieux. Les leçons que donne le pontife au jeune roi qu'il vient de couronner,

couronner, sont d'un pathétique admirable et d'une raison sublime. On concevra que Racine ne pouvait se permettre davantage, si l'on veut examiner avec attention le siècle brillant qui lui doit une partie de sa gloire. On verra quelle était la servitude des pensées sous le règne de Louis XIV ; et l'on sentira combien il eût été dangereux de vouloir secouer ces chaînes de l'esprit. Le tems nous a permis d'oser beaucoup plus ; et nos descendans oseront plus que nous. S'il eût vécu dans notre siècle, cet homme à qui la nature avait accordé tant de facicilité pour le travail, et tant de patience, une raison si droite et une sensibilité si parfaite, il aurait mis sans doute plus de hardiesse dans les mœurs et dans les détails de ses immortels ouvrages. Non content d'égaler l'harmonie enchanteresse des vers de Sophocle et d'Euripide, la grace et la majesté de leur diction, la variété de leur éloquence, il les aurait encore imités dans l'art de donner un grand but au poème tragique. Comme eux il aurait mis sous les yeux de sa patrie, ses lois, son

B

gouvernement, ses grands hommes, les
époques célèbres de son histoire. Comme
eux, il aurait instruit ses contemporains,
en retraçant les malheurs et les fautes de
leurs ancêtres; et la France aurait des modèles de tragédies nationales.

Campistron, la Grange-Chancel et quelques autres, perdirent le théâtre. On vit re-
paraître sur la scène tragique les princesses
déguisées, les princes qui ne se connaissent
pas eux-mêmes, les intrigues compliquées,
et tous les beaux sentimens de Cassandre et
de Clélie. Cependant les chefs-d'œuvre de
Racine n'eurent jamais autant de succès,
dans leur nouveauté, que les faibles ouvrages de Campistron; et Tiridate faisait
les délices de Paris, à-peu-près dans le
tems où l'incomparable Athalie passait
pour un mauvais ouvrage. C'était la mode
de s'ennuyer en la lisant. Cette mode ne
cessa qu'au commencement de ce siècle,
quand la France avait perdu Racine.

Entre la dernière tragédie de cet homme
éloquent, et la première de M. de Voltaire,
il s'écoula un espace de près de trente

années. Pendant tout ce tems, la scène fut livrée à des poètes sans génie, à des écrivains dont les meilleurs étaient médiocres. On croyait la carrière fermée, lorsque Œdipe parut. Il est imprudent d'annoncer, à la mort des hommes illustres, qu'ils n'auront plus d'égaux. Je conçois qu'un tel arrêt satisfait l'amour-propre de celui qui le prononce ; mais c'est prédire un fait impossible, et par conséquent, c'est dire une absurdité.

La révolution dans les idées, maintenant si avancée d'un bout de l'Europe à l'autre, commençait à éclorre sur la fin du règne de Louis XIV. La révocation de l'édit de Nantes, funeste aux intérêts politiques de la France, fut utile aux progrès de l'esprit général. Les Protestans chassés de France, accusèrent, dans une foule de livres, la religion qui les persécutait. Les matières religieuses furent soumises à la discussion, et la discussion chez quelques-uns produisit le septicisme. La raison humaine fit plus de pas en vingt ans, qu'elle n'en avait fait depuis un siècle avant cette époque. Parmi les ouvrages nés dans ces tems orageux, il faut distinguer ceux de notre grand dialecticien Baile, et sur-tout son dictionnaire, le seul ouvrage de cette espèce où il y ait du génie, et l'un des plus beaux monumens qu'ait élevés la philosophie. Au gouvernement monachal des dernières années de Louis XIV, succéda, sous la régence, une espèce de liberté de penser. Fontenelle, un moment persécuté par les Jésuites, jouissait alors d'une haute réputation. Il la devait à ses éloges et à cette histoire des oracles qui d'abord avait failli le perdre. Ce fut dans cette aurore du bon sens que parurent les premiers essais de M. de Voltaire. Il ne créa point l'esprit philosophique en France ; il l'y trouva : mais il sut l'appliquer à tous les genres d'ouvrages littéraires ; il le mit à la portée de toutes les classes de la société ; il en fit, pour ainsi dire, la monnoie courante ; et parvint à exercer sur tout son siècle l'empire le plus cher et le plus universel, celui du génie et de la raison.

C'est sur-tout à ses tragédies que M. de

Voltaire doit son influence sur l'Europe entière. Un livre, quelque bon qu'il soit, ne saurait agir sur l'esprit public d'une manière aussi prompte, aussi vigoureuse qu'une belle pièce de théâtre. Des scènes d'un grand sens, des pensées lumineuses, des vérités de sentiment, exprimées en vers harmonieux, se gravent aisément dans la tête de la plupart des spectateurs. Les détails sont perdus pour la multitude; le fil des raisonnemens intermédiaires lui échappe, elle ne saisit que les résultats. Toutes nos idées viennent de nos sens; mais l'homme isolé n'est ému que médiocrement: les hommes rassemblés reçoivent des impressions fortes et durables. Personne, chez les modernes, n'a si bien conçu que M. de Voltaire, cette électricité du théâtre. On a critiqué ses plans, et peut-être avec raison. Il y a quelquefois plus de richesse que d'ordre dans l'économie de ses tragédies. Il n'a pas toujours observé la vraisemblance; on peut préparer les évènemens mieux que lui. Mais pour de légères fautes de composition, que de beautés de toute espèce ! quelle grandeur dans les conceptions ! c'est-là sa partie dominante. Que de situations tragiques ! que de passions ! que de mouvement ! La tragédie de Manlius est beaucoup mieux conduite que Mahomet, Alzire, ou Sémiramis : mais le cinquième acte d'Alzire vaut dix tragédies comme Manlius. Il faut une espèce d'imagination pour éveiller sans cesse la curiosité par de nouveaux incidens ; il faut beaucoup d'adresse pour éviter toutes les invraisemblances : mais il faut du génie pour peindre énergiquement les mœurs ; il faut du génie pour mettre la raison en sentiment ; il faut du génie pour échauffer le cœur, pour éclairer l'esprit, et pour enchanter l'oreille.

Les nombreux succès de M. de Voltaire irritaient l'envie. Elle avait besoin d'un rival à lui opposer : elle se saisit de Crébillon. L'auteur de quelques pièces romanesques et mal écrites, fut préféré pendant quarante ans, par des journalistes, à l'auteur de Mérope et d'Alzire, au plus beau génie du dix-huitième siècle. Le dernier soupir du grand homme fut fatal à la réputation de Crébillon. Le nom de ce poète incorrect et sans naturel, cessa d'être prononcé avec ceux de Corneille et de Racine, et l'enthousiasme qu'il avait inspiré tomba de lui-même, par la raison que ses admirateurs ne pouvaient le lire.

M. de Voltaire a plus approfondi dans ses tragédies la morale proprement dite, que la politique. Il a combattu durant soixante ans, le fléau de la superstition. Sa plume a sans cesse retracé les usurpations du sacerdoce, rarement les prétentions arbitraires des rois et des grands. Il a fait quelques tragédies où le public français entendait au moins prononcer des noms français : mais parmi ces tragédies, d'ailleurs fondées sur des faits inventés, Zaïre est la seule qui soit admirée des connoisseurs, et les Français n'y sont qu'accessoires. Les obstacles qui ont empêché Corneille et Racine de représenter leur Nation sur la scène tragique, existaient encore pour M. de Voltaire. Grace à lui-même, grace à quelques philosophes qui ne se sont pas occupés du théâtre, ces obstacles n'existent plus pour nous. Les hommes supérieurs font marcher l'esprit humain. Sans eux, il resterait immobile. Les pas que ces maîtres fameux ont fait faire à notre siècle, doivent exciter notre émulation. Continuons la route, s'il est possible, en partant du point où ils se sont arrêtés.

La tragédie de Charles IX, commencée bien avant qu'on pût prévoir la révolution qui s'opère en France, ne pouvait être achevée, ce me semble, dans des circonstances plus favorables. Quelle époque en effet pour établir sur notre théâtre la tragédie nationale ! Nous voyons éclorre une chose publique au milieu de nous. L'opinion du peuple est maintenant une puissance. La Nation la plus éclairée de l'Europe s'aperçoit enfin de la nullité de sa constitution. Elle va bientôt s'assembler pour anéantir les abus sans nombre que l'ignorance, la paresse, l'esprit de corps et les intérêts particuliers ont accumulés en France depuis près de quatorze siècles.

Pour créer parmi nous la tragédie nationale, j'ai choisi le sujet le plus tragique de l'histoire moderne. J'ai banni de ma pièce ces confidens froids et parasites qui n'entrent jamais dans l'action, et qui ne semblent admis sur la scène que pour écouter tout ce qu'on veut dire, et pour approuver tout ce qu'on veut faire. Les sept personnages les plus illustres de la France à la fin du seizième siècle, servent à nouer et à dénouer mon intrigue importante. Voici comme j'ai conçu leurs caractères.

Catherine de Médicis n'a d'autre passion que de tromper et de commander. Toujours calme, toujours inébranlable dans ses desseins, les moyens lui sont indifférens, pourvu qu'elle réussisse. Artificieuse par caractère et par système, elle sait justifier sa conduite d'après les principes du Machiavélisme, principes affreux qu'elle développe de manière à séduire aisément un esprit faible ; principes, d'ailleurs, presque universellement adoptés dans ces tems où la véritable politique était encore inconnue. Catherine de Médicis gouverne son fils, mais, à son tour, elle est gouvernée par les Guises.

On doit remarquer dans le duc de Guise et dans le cardinal de Lorraine son oncle, un même esprit d'orgueil et d'audace, mais diversement modifié, selon la différence de leur âge et de leur état. Le duc de Guise a toute l'énergie d'un jeune ambitieux. On sent qu'il a de la peine à tromper ; et tandis qu'il parle au nom de la France et du bien public, souvent il laisse entrevoir son désir de vengeance et ses vues particulières. Il insulte lui-même Coligni. Le Cardinal, au contraire, désigné par Coligni d'une manière outrageante, fait semblant de lui pardonner. Le Cardinal, plus mûr et plus politique que son neveu, en alléguant les intérêts du ciel, s'oublie toujours lui-même en apparence. Il est aisé de comprendre que son zèle pour la religion n'est qu'un zèle hypocrite. Il abuse de l'écriture-sainte et des usages les plus respectés de la religion catholique. Sa conduite est un sacrilège perpétuel.

Charles IX, assiégé, flatté, corrompu sans cesse et par sa mère et par les Guises, flotte dans une irrésolution perpétuelle. Il est très-faible, et par conséquent très-facile à émouvoir. On voit cependant que tous ses penchans sont vicieux. Il est jaloux de son frère le duc d'Anjou : le sang ne l'épouvante pas, le parjure encore moins. Ce n'est pas un roi faiblement vertueux; c'est un méchant sans énergie.

L'Amiral a ce caractère sombre et méfiant que forme la longue expérience du malheur. Sa haine contre les Guises est égale a leur haine contre lui ; mais son cœur magnanime ne peut soupçonner son roi. Dans les projets qu'il communique à Charles IX, projets qu'il avait en effet conçus, on doit voir un génie actif, étendu, véritablement patriotique, mais que des circonstances malheureuses ont rendu funeste à la France.

Le chancelier de l'Hôpital est éminemment vertueux. Il dit hardiment la vérité. Ami des bons, ennemi des méchans, mais lent à les soupçonner, il voudrait concilier tous les partis. Il tient en quelque sorte la

place du chœur des Grecs. Sa vertu, son
génie, sa vieillesse, donnent un grand poids
à son autorité. Dans ses discours, quelquefois pleins de véhémence, et toujours pleins
de sagesse, il rappelle à ceux qui l'écoutent,
l'histoire des tems passés. Il a les mœurs
d'un vieillard homme d'état et homme de
lettres.

La candeur, la confiance et la bonté,
sont les qualités qui distinguent le jeune roi
de Navarre, depuis notre grand Henri IV.
L'âge de ce prince, et la nature du sujet,
ne me permettaient pas de lui donner dans
cette tragédie un rôle très-important. Mais
il est respecté même par ses ennemis; il
il est annoncé comme devant être quelque
jour un grand homme; et le chancelier de
l'Hôpital, en quittant une cour perfide,
présage le bonheur des Français, s'il parvient à régner sur eux. Le roi de Navarre
devance le cri de la Nation entière, dans
son imprécation contre Charles IX. On
ne pouvait mettre dans une bouche plus
pure, l'indignation que mérite un crime
inouï.

Les personnages de cette pièce se nomment mutuellement Sire, Madame ou Monsieur. Le mot seigneur, qui serait absurde dans les tragédies nationales, ne peut être à sa place que dans les pièces où l'on peint les mœurs espagnoles et italiennes. Il est déraisonnable, lorsqu'on fait parler les anciens Romains ou les Grecs. Le mot qui répond en grec au mot seigneur, n'est jamais employé dans Sophocle et dans les autres tragiques d'Athènes. La grande connoissance que Racine avait de la littérature ancienne, ne permet de lui faire qu'un reproche : c'est d'avoir cédé trop facilement, en ce point comme en quelques autres, à l'usage établi sur la scène française. Les hommes tels que lui sont faits pour mener leur siècle, et non pour le suivre. Leurs moindres omissions tirent à conséquence. La multitude, qui ne raisonne pas, se prévaut de leur exemple, quelquefois involontaire ; et leur autorité triomphe longtems de la raison la plus évidente. Ceux qui pourraient trouver mon exactitude minutieuse, doivent réfléchir qu'il ne faut rien négliger de tout ce qui tient au costume, et que la vérité du costume est beaucoup plus essentielle à observer dans les mœurs que dans les habits.

Au moment du massacre de la Saint-Barthelemi, le cardinal de Lorraine était à Rome, et le chancelier de l'Hôpital avait quitté la cour depuis quatre ans. J'ai cru qu'il m'était permis d'altérer légérement l'histoire. Je pense qu'on peut, dans une tragédie historique, inventer quelques incidens, pourvu qu'on use avec modération de ce privilége, et sur-tout qu'on ne prête point à ses héros des actions contraires à leur caractère connu. Si, par exemple, on introduisait dans une tragédie Bayard éperdument amoureux d'une jeune Italienne, et deux heures avant une bataille envoyant un cartel à son jeune rival, au neveu du roi Louis XII, il faut convenir qu'on ferait agir Bayard d'une manière absolument indigne d'un général et d'un homme sensé. Si Bayard n'envoyait le cartel que pour se ménager le plaisir de faire une réparation brillante, cette combinaison serait, ce me semble, d'une puérilité inexcusable ; mais si Bayard, en posant son épée aux pieds de Gaston, s'écriait devant tous ses officiers, qu'il a grand soin d'appeler lui-même :

Contemplez de Bayard l'abaissement auguste ;

le poète, par cette emphase déplacée, acheverait de dénaturer le caractère de ce preux chevalier, que l'histoire nous représente aussi modeste que vertueux.

On a écrit dans ces derniers tems quelques tragédies sur des sujets français ; mais ces pièces sont une école de préjugés, de servitude et de mauvais style. L'auteur a substitué aux grands intérêts publics, des faits sans importance, et des rodomontades militaires ; il a sacrifié sans cesse à la vanité de quelques maisons puissantes, et à l'autorité arbitraire. Il n'a donc point fait des tragédies nationales ; et si tout homme un peu lettré souffre en écoutant de pareils ouvrages, ce n'est pas dans le fonds parce qu'ils ne sont point assez conformes à l'histoire ; c'est parce qu'ils ne sont point du tout conformes au sens commun.

Que des tragédies détestables réussissent, grace à la pompeuse absurdité d'un dénouement ; qu'on s'avise de faire des tragédies en prose ; qu'on nous exhorte à laisser là Sophocle et Racine , pour imiter les dégoûtantes absurdités du théâtre anglais , et les niaiseries burlesques du théâtre allemand ; ces sottises sans conséquence sont plus divertissantes que dangereuses : tout cela passe , et va bientôt du ridicule à l'oubli. L'ennemi constant, le fléau le plus redoutable , je ne dis pas seulement de notre théâtre , mais des arts et des mœurs chez les nations modernes , c'est cet esprit de galanterie , fruit de l'ignorance de nos ancêtres , esprit contraire au vrai but de la société , esprit humiliant pour le sexe qui est convenu d'être trompé , et plus encore pour celui qui trompe. Je n'en chercherai point l'origine , je n'en suivrai point les progrès. Cette question intéressante , et que je pourrai traiter ailleurs, me mènerait ici beaucoup trop loin. Qu'il me suffise d'établir, de manière à n'être point désavoué par les gens capables de réflexions,

qu'il

qu'il me suffise de faire sentir que cet esprit déraisonnable a rallenti singulièrement la marche des nations modernes dans les arts et dans la morale. Il a, pour ainsi dire, mutilé nos passions : mais les vertus et les talens viennent des passions ; mais les seules passions font concevoir et exécuter de grandes choses.

Si toute l'Europe est dominée de cette chimère puérile, la nation française en est plus atteinte que toute autre, non par un caractère particulier, mais par une foule de circonstances qu'il serait trop long d'expliquer ici. Entrez dans l'atelier de nos peintres, de nos sculpteurs ; courez à nos théâtres ; ouvrez nos poètes, nos orateurs, nos historiens même ; parcourez nos livres de morale, et jusqu'à nos livres de physique ; vous trouverez par-tout des traces de cet incurable préjugé. Et qu'on ne dise pas que c'est une suite nécessaire de la civilisation ; la galanterie diminue, au contraire, à mesure que les peuples sont plus civilisés. Je prends à témoin l'expérience. Je ne parlerai point ici des Romains et

C

des Grecs, qui n'ont jamais connu ces mœurs ridicules. Je veux m'en tenir aux modernes. Comparez le dix-huitième siècle au tems de la chevalerie.

Il faut qu'un poète tragique se roidisse contre le torrent. La comédie doit peindre les travers de la société, la vérité du moment et du lieu. La tragédie doit peindre les passions humaines dans leur plus grande énergie. La différence des époques exige quelques différences dans les formes ; mais le fond doit être le même. L'esprit change ; le cœur humain ne saurait changer.

La nature autour de nous est si fardée, si voilée, si chargée de vêtemens étrangers, qu'elle n'est plus reconnoissable. Jetons au loin ces prétendus ornemens qui la couvrent, nous retrouverons les formes antiques. Les Grecs l'ont représentée nue dans leurs poèmes comme dans leurs statues. Chez eux, les mœurs, les institutions, les usages, tout les menait à la vérité : tout nous pousse en sens contraire. Les Grecs étaient une nation libre : ils ne connoissaient pas les préjugés gothiques, et l'hydre

des conventions qui nous assiége. Suivons
le conseil d'Horace ; lisons-les jour et nuit.
Il ne s'agit plus de les traduire ; remplis-
sons-nous de leur esprit, et créons comme
eux.

Mais des gens qui n'ont rien à dire, s'é-
crient sans cesse qu'on a tout dit. Ces mots
n'ont point de sens, et jamais on ne peut
tout dire. L'art suivra le destin de son modèle ; il s'épuisera quand la nature deviendra stérile. Mais la nature, qui n'entre pas
dans les passions des petits critiques, pro-
duira toujours des objets variés entre eux,
malgré leur ressemblance apparente, et toujours des hommes supérieurs, en très-petit
nombre il est vrai, qui sauront apercevoir
et peindre cette extrême variété. Le zèle
des prophètes de malheur, prêts dans tous
les tems à désespérer de leur siècle, est
dicté par la vanité jointe à l'impuissance,
et nullement par la saine raison. Le génie
même ne peut deviner les bornes du génie. Je vais plus loin ; l'individu doué de
cette faculté précieuse qu'on nomme génie, ne peut deviner ses propres forces. Il

ne saurait prévoir à quel degré des circonstances quelquefois prochaines, pourront
exalter son ame.

Il ne m'appartient pas de juger du mérite de la tragédie de Charles IX; et peut-
être prouvera-t-elle que mes talens pour
exécuter, sont très-inférieurs à mes intentions; mais du moins la cour de Charles IX
y est peinte de ses véritables couleurs ;
il n'y a pas une scène dans la pièce qui
n'inspire l'horreur du fanatisme, des guerres civiles, du parjure et de l'adulation
cruelle et intéressée. La vertu y est exal-
tée, le crime puni par le mépris et par les
remords, la cause du peuple et des lois
défendue sans cesse contre les courtisans
et la tyrannie. J'ose donc affirmer que c'est
la seule tragédie vraiment nationale qui ait
encore paru en France ; qu'aucune autre
pièce de théâtre n'est aussi fortement morale ; et, par une conséquence nécessaire
de ces deux propositions incontestables,
j'ose affirmer qu'il faut être ennemi de la
raison pour craindre la représentation d'une
pareille pièce.

Je sais qu'on imprime encore à la fin du dix-huitième siècle, que la philosophie est une invention pernicieuse, et que tout sera bouleversé, si elle vient à triompher dans l'esprit des hommes ; c'est dire, en d'autres paroles, que tout sera bouleversé quand les hommes auront du bon sens. Si c'est une vérité, il faut convenir du moins qu'elle n'est pas évidente. On peut d'ailleurs prédire aux ennemis de la philosophie, que tous leurs efforts seront inutiles. Permis à eux de retourner de la lumière aux ténèbres ; mais qu'ils ne se flattent pas d'y ramener l'Europe. Elle s'avance à grands pas des ténèbres à la lumière. C'est la marche nécessaire de l'esprit humain, qui ne peut rétrograder depuis l'invention de l'imprimerie.

Puissé-je, dans mes ouvrages, et surtout dans des tragédies politiques et nationales, ne pas rester inutile aux progrès de cette philosophie bienfesante et courageuse! Puisse l'étude et l'expérience mûrir mon faible talent! Puissé-je élever un jour quelques monumens qui ne déshonorent

point la langue française, et qui ne soient
pas tout-à-fait indignes d'une Nation éclairée depuis près de deux siècles, par le
génie des grands hommes !

22 Août 1788.

AU ROI.

Monarque des Français, chef d'un peuple fidéle
Qui va des nations devenir le modéle,
Lorsqu'au sein de Paris, séjour de tes aïeux,
Ton favorable aspect vient consoler nos yeux,
Permets qu'une voix libre, à l'équité soumise,
Au nom de tes sujets te parle avec franchise ;

C iv

Prête à la vérité ton auguste soutien,
Et, las des courtisans, écoute un citoyen.

Des esclaves puissans qui conseillent les crimes,
Tu n'as pas adopté les sanglantes maximes.
Le peuple, en tous les temps calomnié par eux,
Trouve son défenseur dans un roi généreux :
Des préjugés du trône écartant l'imposture,
Louis sait respecter les droits de la nature.
C'est au peuple, en effet, que tu dois ta splendeur,
Et sa grandeur peut seule affermir ta grandeur.
En vain les ennemis du Prince et de la France,
Etalant sans pudeur leur superbe ignorance,
Vont d'un adroit sophisme accuser mes discours :
Mentir avec adresse est le talent des cours.
Consulte la raison, immortelle science,
Et cette autre raison qu'on nomme expérience :
Exerce ton esprit, interroge ton cœur ;
Et des temps reculés sondant la profondeur,
Fais parler devant toi les fastes de l'histoire :
Examine quels noms, dévoués à la gloire,
De trente nations maintenant révérés,
Pour l'avenir entier sont devenus sacrés ;
Et de quels noms affreux la mémoire flétrie,
Recueille après cent ans l'horreur de la patrie.

Des ennemis du peuple on connaît les forfaits :
Les noms de ses amis rappellent des bienfaits.
Mais il est trop de rois, il est trop de ministres,
Qui, recourant toujours à des moyens sinistres,
Oubliant que du peuple ils tiennent leur pouvoir,
Regardent comme un droit ce qui n'est qu'un devoir.
Ainsi des Armagnacs l'oppresseur tyrannique,
Des biens des Templiers l'usurpateur inique ;
Ainsi l'esclave-roi de l'orgueilleux Armand,
D'un ministre barbare imbécille instrument ;
Ainsi de Médicis la race couronnée,
Par de vils favoris tour-à-tour enchaînée ;
Tous ces rois fainéans, sur le trône endormis,
Aux conseillers de cour indignement soumis ;
Subissant avec eux une immortelle peine,
Des siècles indignés ont encouru la haine.

Quel tableau différent se présente à mes yeux !
Voilà nos souverains, voilà tes vrais aïeux :
Des demi-dieux français je vois l'image heureuse ;
Famille de bons rois, hélas ! trop peu nombreuse.
Comtemple de Pépin l'héritier respecté :
Il voulut des Français fonder la liberté,
Mais il ne put jouir d'un si grand avantage ·
Le ciel te réservait cet honneur en partage.

Contemple Louis neuf, le plus juste des rois,
Débrouillant le chaos de nos antiques lois;
Et celui dont l'amour secondant la prudence
Réunit l'Armorique au reste de la France.
Par quinze ans de vertus, ce roi sans favori,
De père de son peuple obtint le nom chéri.
Le citoyen lui paye un tribut de tendresse;
Sur-tout il se rappelle, et vante avec ivresse
Henri quatre et Sulli, ces nom idolâtrés,
Que l'amour des Français n'a jamais séparés.

Louis doit les rejoindre au temple de mémoire,
Et mes chants quelque jour célébreront sa gloire.

Ce penseur éloquent, la gloire des Romains,
Qui crayonna les mœurs des antiques Germains,
Fier ennemi des cours et de la tyrannie,
Écrasoit les méchans des traits de son génie.
Ce grand républicain, sujet des empereurs,
Du fils d'Énobarbus dénonça les fureurs,
Et le cruel Tibère, en intrigues fertile,
Et du vil Claudius la démence imbécille.
Mais en éternisant leurs indignes portraits,
De Trajan, de Nerva, sa main peignit les traits,
Et du monde pour eux sollicitant l'hommage,

D'une palme immortelle entoura leur image.

DÈs mon enfance épris de sa mâle fierté,
Et libre avant les jours de notre liberté,
Dans un art différent le prenant pour modèle,
Disciple faible encor, mais disciple fidèle,
Si j'ai dépeint ce roi bourreau de ses sujets,
Dont la main parricide immola les Français,
Bientôt je veux chanter un prince magnanime,
Un ministre chéri que la justice anime,
Citoyens tous les deux, dont les travaux constans
Nous ons rendu nos droits usurpés si long-tems;
Une auguste Assemblée où la vertu préside,
Où du peuple français la majesté réside;
Et dans ce peuple enfin trois peuples confondus,
Oubliant de vains droits vainement défendus:
Nos ennemis vaincus, vos villes alarmées,
Aux infames complots opposant des armées:
Les citoyens quittant l'ombre de leur foyers,
Et sous les étendards se mêlant aux guerriers:
A leur vaillans efforts la Bastille soumise;
Sur ses créneaux sanglans la liberté conquise:
Du sage Washington le vertueux rival,
Son élève autrefois, maintenant son égal:
L'équité la plus pure à la candeur unie,

D'un maire philosophe honorant le génie :
Et dans la France entière un peuple fortuné,
Au seul nom de la cour autrefois consterné,
Rallié désormais au nom de la patrie,
Illustre par les mœurs, et grand par l'industrie,
Révérant, chérissant les vertus de son roi,
Libre sous son empire, et soumis à la loi.

CHARLES IX,

OU

L'ÉCOLE DES ROIS;

TRAGÉDIE.

PERSONNAGES.

CHARLES IX, roi de France.

CATHERINE DE MÉDICIS, reine-mère.

HENRI DE BOURBON, Roi de Navarre.

LE CARDINAL DE LORRAINE.

LE DUC DE GUISE.

L'AMIRAL DE COLIGNI.

LE CHANCELIER DE L'HOPITAL.

MEMBRES DU CONSEIL.

COURTISANS.

PROTESTANS de la suite de l'Amiral

GARDES.

PAGES.

La Scène est dans Paris, au château du Louvre.

CHARLES IX,

OU

L'ÉCOLE DES ROIS,

TRAGÉDIE.

ACTE PREMIER

SCÈNE PREMIÈRE.

LE CHANCELIER DE L'HOPITAL, L'AMIRAL DE COLIGNI.

L'AMIRAL.

Illustre chancelier, de qui la voix propice
Fait au sein des combats respecter la justice,
Soyez toujours l'oracle et l'appui des Français.
C'est à vous, l'Hôpital, que nous devons la paix :

Sans vous, nous périssions. Votre prudence active
Aux maux des deux partis fut sans cesse attentive ;
Et vous flattez encor d'un avenir plus doux
Tant de bons citoyens qui n'espéraient qu'en vous.
Ce palais retentit des chants de l'hyménée ;
D'un nœud saint et chéri la pompe fortunée
Affermissant la paix entre deux jeunes rois,
Mêle au sang des Bourbons le sang de nos Valois.
Quel hymen ! Marguerite, idole de la France,
Henri, des Navarrois l'amour et l'espérance,
Pour le bonheur public unissant leurs efforts,
Vont expier le sang répandu sur ces bords.
Eh ! qui peut maintenant, témoin de leur tendresse,
Repousser loin de soi la publique alégresse ?
Les Guises, toutefois, souillant des jours si beaux,
Se préparent encore à rouvrir le tombeaux.
Croyez-moi, le péril n'est point imaginaire :
Maurevetr a commis un crime mercenaire ;
A des piéges sanglans ils ont déja recours ;
Au sein du louvre même ils achètent mes jours.
Il faut veiller sur eux, c'est eux que l'on doit craindre ;
Ce n'est pas d'aujourd'hui qu'ils osent tout enfreindre ;
Vous même, enfin, monsieur, s'il est vrai que leur choix
Vous ait nommé jadis l'organe de nos lois,
Ce choix si desiré vient de leur politique ;

Ils ont su se plier à l'estime publique ;
Ils veulent nous traîner dans l'abîme fatal,
En voilant leurs projets du nom de l'Hôpital.

LE CHANCELIER.

Ah ! formez, Coligni , des craintes légitimes.
Je ne puis, quant à moi, leur imputer des crimes,
Et je n'adopte pas vos soupçons inquiets.
Si l'on poursuit vos jours au milieu de la paix,
J'en frémis ; je voudrais le châtiment du traître :
Mais je blâme un dépit qui s'aveugle peut-être ;
Et vous devez savoir que des plus vils complots
Ils ont aussi, monsieur, soupçonné des héros.
Ah ! je ne prétends pas les excuser sans cesse ;
Ils ont d'un jeune roi maîtrisé la faiblesse :
Mais avouez du moins que dans nos temps cruels
Il n'est point de Français qui ne soient criminels :
Tous se sont égarés, et la nuit environne
Les droits sacrés du peuple et les devoirs du trône.
J'ai vu ce Louvre en deuil, et presque ensanglanté ;
L'orgueil et la licence, et point de liberté :
J'ai vu de nos Valois la majesté flétrie ;
Les plus grands citoyens déchirant leur patrie,
Flattant avec bassesse, ou combattant leur roi ;
Les plus grands, je l'ai dit, et vous en faites foi.

L'AMIRAL.

Il fallait s'égarer, convenez-en vous-même ;
Et des destins français l'enchaînement suprême
Préparait dès long-tems à nos jours détestés
Un cours de trahisons et de calamités.
J'ai suivi le torrent qui ravageait la France :
On peut le détourner, et j'en ai l'espérance.
Au repos tout-à-coup nous ne parviendrons pas ;
Les soldats et les chefs ont besoin de combats.
Depuis un siècle entier l'Espagne nous outrage :
Hélas ! contre nous-même exercés au carnage,
Formons, il en est tems, de plus justes desseins ;
Dans le sang espagnol courons baigner nos mains :
Voilà notre parti ; c'est le seul qui nous reste.

LE CHANCELIER.

Fàcheuse extrémité ! parti vraiment funeste !
Tous deux Français, tous deux nous chérissons l'état ;
Vous parlez en guerrier, je pense en magistrat :
Vous m'en verrez toujours garder le caractère.
La guerre est un fléau quelquefois nécessaire,
Qu'il faut craindre toujours, et long-tems éviter,
Et dont j'ai vu l'état rarement profiter.
Oui, tous ces vains débats où le glaive décide,
Ces lauriers teints de sang, cette gloire homicide

Qui d'un prince orgueilleux peut enivrer le cœur,
Opprimant les vaincus, frappe aussi le vainqueur.
Loin de nous des fureurs trop souvent inutiles !
Mais loin de nous cent fois ces discordes civiles,
Où le fer, sans pudeur brisant tous les liens,
Verse des deux côtés le sang des citoyens !
Et peut-être à ce choix la France est condamnée :
Telle est, je le sais bien, l'humaine destinée,
Qu'il faut chercher sans cesse un danger différent,
Et par un mal nouveau guérir un mal plus grand.

L'AMIRAL.

Bourbon vient. Il est seul, et son ame égarée
D'un éternel chagrin semble être dévorée.

SCÈNE II.

LE CHANCELIER DE L'HOPITAL, L'AMIRAL DE COLIGNI, LE ROI DE NAVARRE.

L'AMIRAL.

PRÉTENDEZ-VOUS nourrir des chagrins superflus?
Donner toujours des pleurs à celle qui n'est plus?
O cher prince ! ô mon fils! cette douleur amère
Ne pourra du tombeau rappeler votre mère.

LE ROI DE NAVARRE.

Ce cruel souvenir est présent à mon cœur ;
Mais je sais, Coligni, surmonter ma douleur.
Un autre sentiment m'assiége et me tourmente.

L'AMIRAL.

Quel est-il? contentez notre ame impatiente.

LE ROI DE NAVARRE.

L'effroi, je l'avoûrai.

L'AMIRAL.

D'où vous vient cet effroi?

LE ROI DE NAVARRE.

Hier, nous commencions, d'Alençon, Guise et moi,
Ces jeux qui sembleraient réservés à l'enfance,
Où, toujours agité par l'avide espérance,
Un oisif courtisan consumant son loisir,
Perd ses biens et le tems, sans trouver le plaisir.
Trois fois j'ai repoussé le trouble qui me presse :
Apprenez, dussiez-vous condamner ma faiblesse,
Ce que j'ai vu, sans doute, ou ce que j'ai cru voir ;
Ce que moi-même enfin je ne puis concevoir ;
Ce qui s'offre sans cesse à mon ame éperdue :
Trois fois les dés sanglans ont effrayé ma vue.
C'est peu : dans les momens consacrés au repos,
Je me suis retracé des malheurs, des complots ;
Le poison terminant les jours de votre frère,
Et peut-être au cercueil précipitant ma mère ;
Nos succès, nos revers, et les champs odieux
Où Condé, ce grand homme, expira sous nos yeux ;
D'un carnage éternel nos régions fumantes,
Et des princes lorrains les intrigues sanglantes ;
Vos amis et les miens, victimes des traités,
Au milieu de la paix, proscrits, persécutés,
Dans les murs de Vassi massacrés sans défense,
Accusant leur trépas inutile à la France.
Excusez, chancelier, des mouvemens confus,

D iij

Par ma faible raison vainement combattus.
Il est de ces instans où l'ame anéantie
D'un sinistre avenir paraît être avertie;
Et peut-être, en effet, ces secrettes terreurs
Des désastres prochains sont les avant-coureurs.
On a vu, dans la nuit, dans les vapeurs d'un songe,
La vérité par fois se mêler au mensonge.

LE CHANCELIER.

Sur des signes trompeurs cessez d'être alarmé;
Aux regards des mortels l'avenir est fermé,
Sire; et quand le ciel même, à qui tout est possible,
Nous daignerait ouvrir cet abîme invisible,
Parmi tant de mensonge et tant d'obscurité,
Quel œil distinguerait l'auguste vérité?
Vous ne prétendez pas imiter, je l'espère,
Ces rois qui, sur le trône, élèves du vulgaire,
Font régner tout l'amas des superstitions;
Enfans qui du sommeil gardent les passions,
Et qui, sur les projets qu'un songe leur inspire,
Risquent à leur réveil le destin d'un empire.

LE ROI DE NAVARRE.

Je les blâme avec vous, et vous devez juger
Que des pressentimens ne pourront me changer.
Vous connaissez mon cœur; il est sans défiance.

L' A M I R A L.

Moi, qui des courtisans ai quelque expérience,
Je crains que l'avenir ne ressemble au passé :
Par un assassinat la paix a commencé.
Nos cruels ennemis ont un pouvoir suprême :
Je crains, je l'avoûrai, mais bien plus que vous-même,
Non pas quelques instans, mais la nuit, mais le jour,
Mais durant mon sommeil, mais au sein de la cour.

LE ROI DE NAVARRE.

Que les lieux où jadis s'écoulait mon enfance,
Avec un tel séjour ont peu de ressemblance !
Et combien je rends grace aux généreux humains
Qui des mâles vertus m'ont ouvert les chemins !
Je ne ressemblais point aux enfans des monarques,
Corrompus en naissant par d'éclatantes marques,
Enivrés de respects, de titres séducteurs,
Livrés aux courtisans, condamnés aux flatteurs,
A l'art des souverains façonnés par des prêtres,
Et sans cesse bercés du nom de leurs ancêtres.
Au lieu de serviteurs à mes ordres soumis,
Je voyais près de moi des égaux, des amis.
Au travail, au courage, à la franchise altière,
On exerçait alors notre élite guerrière.
Là, bravant du midi les brûlantes ardeurs,

Ou des hivers glacés supportant les rigueurs,
Gravissant sur les monts, sur les rochers arides,
Nous formions notre enfance à des jeux intrépides.
De vous et de Condé suivant bientôt les pas,
Je remplaçai mon père au milieu des combats;
Et ce qui doit sur-tout aux peuples de la France
Sur mes destins futurs donner quelque espérance,
Durant plus de cinq ans, défenseur de nos droits,
J'ai connu l'infortune, école des grands rois.
Enfin je suis entré dans une autre carrière:
A mes yeux tout-à-coup quelle image étrangère!
Des guerriers sans pudeur, de mollesse énervés,
Perdus par un vain luxe, avec art dépravés;
Des femmes gouvernant des princes trop faciles,
Aux passions d'un roi des courtisans dociles,
Que le seul intérêt fait agir et parler,
Sachant tout contrefaire et tout dissimuler.
En voyant leurs plaisirs et leur fausse alégresse,
Et leurs vices polis voilés avec adresse,
J'ai regretté cent fois nos grossières vertus,
Nos monts et nos rochers de frimats revêtus,
Les pénibles travaux, le tumulte des armes,
Et mes premiers succès pour moi si pleins de charmes,
Et ces camps généreux où parmi des guerriers
Votre élève croissait à l'ombre des lauriers.

LE CHANCELIER.

On vient. C'est Médicis.

L'AMIRAL.

Et les Guises près d'elle !

SCÈNE III.

LE CHANCELIER DE L'HOPITAL, L'AMIRAL DE COLIGNI, LE ROI DE NAVARRE, LA REINE-MÈRE, LE CARDINAL DE LORRAINE, LE DUC DE GUISE, Courtisans, Pages, Gardes.

LA REINE-MÈRE.

J'aime à voir, Coligni, vos soins et votre zèle.
Déja vous vous rendez auprès du roi mon fils?

L'AMIRAL.

J'attendois en ces lieux le moment d'être admis,
Madame.

LA REINE-MÈRE.

A l'instant même il pourra vous admettre.
Dès que vous l'entendrez, j'ose vous le promettre,

De ses intentions vous ne vous plaindrez pas.
Il veut par vos conseils gouverner ses états ;
Il veut qu'en même tems votre vertu l'éclaire,
Chancelier, des Français vous l'ange tutélaire.
Et vous, à qui le ciel promet de grands destins,
Prince déja fameux parmi les souverains,
Mon cœur vous a choisi pour l'époux de ma fille ;
Bourbon, noble héritier d'une auguste famille,
Connaissez votre frère, et songez à l'aimer.
Songez qu'il vous chérit, qu'il sait vous estimer.
De cent jeunes héros si la France s'honore,
Mon fils au dessus d'eux sait vous placer encore.
Vos amis, dans sa cour appelés aujourd'hui,
Vont, dans quelques momens, s'assembler près de lui :
Il va les recevoir ; et si plus d'une injure
Dans le fond de son cœur n'excite aucun murmure,
Si de leurs fautes même il ne se souvient plus,
Vous verrez qu'il n'a point oublié leurs vertus.
Suivez-moi. L'Hôpital, vous chérissez la France ;
Venez voir son bonheur, c'est votre récompense.
Venez, ne tardons plus.

———————

SCÈNE IV.

LE CARDINAL DE LORRAINE,
LE DUC DE GUISE.

LE CARDINAL.

Les suis-tu chez le roi?

LE DUC.

Pour y voir ce héros qui l'emporte sur moi?
Celui qui m'a ravi la main de Marguerite,
Et tous ces protestans accueillis à sa suite?
Voilà bien des affronts; c'en est trop: mais enfin,
Rien ne s'oppose plus à notre grand dessein:
C'est le jour du carnage.

LE CARDINAL.

Il faut avec prudence
De l'intérêt commun voiler notre vengeance.
Le roi, dit-on, le roi veut retarder les coups:
Ce n'est pas lui qui règne, et la France est à nous.
Avec nous Médicis elle-même conspire;
Tout s'émeut, tout s'unit pour nous jeter l'empire.

Ce sceptre chancelant va tomber en tes mains,
Et j'avois dès long-tems présagé tes destins.
J'ai vu mourir ton père au sein de la victoire ;
Et sans le vieux rebelle, ennemi de sa gloire,
Il eût osé peut-être. . . . Hélas ! il ne vit plus ;
Mais tu me rends son nom, ses projets, ses vertus :
Sois en tout comme lui. Deviens plus populaire ;
Fléchis pour gouverner : on t'admire ; il faut plaire.
Tu fais trop répéter que tes nobles aïeux
Étaient maîtres ailleurs, mais sujets en ces lieux.

LE DUC.

Et qui peut maintenant vous causer tant d'alarmes ?
Du plus bel avenir, ah ! goûtez mieux les charmes !
Par-tout des courtisans qu'il ne faut qu'acheter,
Ne sachant que se vendre, et servir, et flatter,
Appuis, sans le savoir, de mes grandeurs futures,
Ou se comptant déja parmi mes créatures.
Je crains peu les Valois ; je crains peu Médicis ;
Je ne l'estime point ; je plains le roi son fils :
Ces lieux n'invitent pas à parler sans mystère ;
Mais si tout bas, du moins, on peut être sincère,
Vous ne l'ignorez pas, il est fait pour céder ;
Elle pour obéir, en croyant commander.
Et quant au chancelier, n'est-il pas votre ouvrage ?

LE CARDINAL.

Compter sur l'Hôpital serait lui faire outrage.

LE DUC.

Du moins ce cœur timide autant que généreux,
Aime trop la vertu pour être dangereux.
Bourbon m'arrête seul : c'est un roi magnanime ;
Il me hait, je le hais, mais il a mon estime :
Sa candeur noble et fière inspire le respect ;
Je ne sais quel instinct m'agite à son aspect.
Ce n'est pas avec vous que je veux me contraindre :
Son aspect m'interdit ; et si je pouvais craindre,
Je l'avoûrai, mon cœur sentirait quelque effroi
De voir un tel obstacle entre le trône et moi.
Laissons-là ce public, cette foule inconstante,
Echo tumultueux des fables qu'elle invente.
Qu'elle ose m'applaudir ou m'ose déprimer,
Je ne descendrai point jusqu'à m'en faire aimer.
Il est de ces mortels qu'outrage l'indulgence,
Du signe des héros marqués dès leur enfance,
Par le choix de Dieu même au grand déterminés :
Il est d'autres mortels à ramper detinés,
Automates flottans entre des mains habiles,
Et dans l'obscurité traînant des jours stériles ;
Dévoués en naissant à l'oubli du trépas.

Faits pour baiser la terre où sont marqués nos pas.
De tous leurs vains propos que me fait l'arrogance ?
Le sort mit entre nous un intervalle immense.
D'une gloire sans borne il faut les insulter,
D'un regard complaisant quelquefois les flatter,
Mais les tenir toujours couchés dans la poussière :
A ceux que l'on méprise on doit rougir de plaire.
Votre neveu pourrait humilier son front,
Et de leur amitié rechercherait l'affront !
Mon père, mes aïeux m'ont préparé la voie.
Souffrez que devant vous tout mon cœur se déploie :
Excusez ma fierté. Croyez que vos avis,
Reçus avec respect, ne seront pas suivis :
Vous ne me verrez pas aux faveurs plébéiennes
Vendre le nom de Guise et le sang des Lorraines :
Je ne veux point fléchir ; je ne sais point tromper ;
Et pour monter enfin, je ne dois point ramper.

LE CARDINAL.

J'admire, en le blâmant, cet orgueil magnanime ;
Je vois de nos aïeux l'ambition sublime :
Si tu régnais un jour, les Français plus heureux
Adoreraient les lois d'un maître digne d'eux.
Mais pour toi cependant je crains tes vertus même,
Je crains ta confiance et ta fierté que j'aime,
Tous ces dons généreux que tu devrais cacher.

On aperçoit le but où tu prétends marcher;
Sans l'avoir découvert, j'aurais voulu l'atteindre;
Tu n'y parviendras pas si tu deviens à craindre.
Vois par des riens sacrés les Français gouvernés,
Sans but, sans intérêt, loin d'eux même entraînés.
Guise, où vont s'arrêter tant d'esprits fanatiques?
C'est peu d'avoir proscrit le sang des hérétiques;
Quand nous aurons du trône écarté les Valois,
Ces Bourbons, ces Condés ne seront point nos rois.
Un protestant peut-il commander à la France?
Songeons à profiter de l'antique ignorance.
Je voudrais qu'en ce jour on nous eût accordé
Le sang du Navarrois et celui de Condé.
Médicis le refuse. Un allié! son gendre!
Des fils de saint Louis! Non, je n'ose y prétendre.
D'autres avec le tems, du moins c'est mon espoir,
Auront moins de scrupule, et nous plus de pouvoir.
Eux détruits, tout s'abaisse; et les Valois eux-même
Nous porteront bientôt à la grandeur suprême.
Cependant je dirai deux mots au chancelier:
Je fus son protecteur; il paraît l'oublier.
Il sert les Protestans, nos amis l'appréhendent;
Chez moi dans ce moment nos amis nous attendent;
Charle est irrésolu; Guise, il faut se hâter:
Sur tout ce qu'il doit faire allons les consulter.

FIN DU PREMIER ACTE.

ACTE II.

SCÈNE PREMIERE.

LE ROI DE FRANCE, LA REINE-MÈRE.

LA REINE-MÈRE.

Mon fils, n'en doutez pas, ce meurtre est nécessaire.

LE ROI DE FRANCE.

Mais au sein de la paix!

LA REINE-MÈRE.

　　　　　　　La croyez-vous sincère?

LE ROI DE FRANCE.

Tout un peuple!

LA REINE-MÈRE.

　　　　　Sans doute. Il s'agit de régner.

　　　　　　　　　　　　　　LE

LE ROI DE FRANCE.

Cet effroyable coup peut du moins s'éloigner.

LA REINE-MÈRE.

Frappons cette nuit même.

LE ROI DE FRANCE.

Ah! ma pitié l'emporte.

LA REINE-MÈRE.

Vous aviez consenti.

LE ROI DE FRANCE.

Je le sais ; mais n'importe :
Ce n'était point, Madame, à l'instant de frapper ;
Je m'essayais moi-même, et j'osais me tromper.
Je m'abusais, vous dis-je ; il n'est plus tems de feindre :
Je me croyais plus fort. Mais qu'avons-nous à craindre ?
Ne précipitons rien. Je veux que les esprits,
Égarés tant de fois, soient toujours plus aigris ;
Que la paix soit encore ou vaine ou peu durable ;
Que des chefs protestans l'ambition coupable
De la France, à mes yeux, prétende disposer :
Mais n'avons-nous, enfin, rien à leur opposer ?
Si dans le fond du cœur ils sont encor rebéles,
Ceux qui m'ont défendu, ceux qui me sont fidéles,
Mes amis.....

E

L A   R E I N E - M È R E.

Il faut bien vous éclairer, mon fils :
Vous ignorez encor qu'un roi n'a point d'amis.
Je vous donne , il est vrai, des lumières fatales;
Mais de vingt nations parcourez les annales :
Vous trouverez par-tout d'infidèles sujets ,
Rampans et frémissans sous le joug des bienfaits;
Ardens à trafiquer de la honte et du crime;
Prêts à vendre l'état et leur roi légitime ,
A changer de devoir , sitôt qu'un autre roi
Marchande imprudemment ce qu'on nomme leur foi.
L'intérêt fait lui seul les amis et les traîtres.
Prenez du moins, prenez leçon de vos ancêtres.
Sans remonter bien loin , le roi François premier
Fut un généreux prince , un noble chevalier.
Il enrichit Bourbon et le combla de gloire :
Bourbon devait sans doute en garder la mémoire :
Mais ce chef renommé , funeste à l'Empereur,
Et qui dans ses cités répandait la terreur,
Flétrissant tout-à-coup le nom de connétable,
Devint pour l'Empereur un appui redoutable,
Et contre les Français guidant leurs ennemis,
Eut l'exécrable honneur de vaincre son pays.
Ils se ressemblent tous : connaissez leur faiblesse,
Et sachez les dompter à force de souplesse.

Tous ceux qui maintenant ont soin de vous venger,
Ceux-là même oseront un jour vous outrager.
Sur-tout , vous êtes jeune et sans expérience ,
Craignez des protestans traités, paix, alliance.
Ils ne vous aiment pas, vous devez y compter ;
Ils respirent; le mal ne peut plus s'augmenter :
Vous régnez.

LE ROI DE FRANCE.

J'aurais dû , si le mal est extrême ,
Commander mon armée et les punir moi-même.
Deux fois le duc d'Anjou confondant leurs desseins ,
Dans un sang criminel a pu tremper ses mains.
A tous les jeux obscurs d'une oisive mollesse
Vous avez cependant condamné ma jeunesse :
Vous n'aimez que mon frère, et je passe mes jours
A l'entendre louer, à l'admirer toujours.
Je règne, et c'est lui seul que tout mon peuple adore ;
Dans les dangers publics c'est lui seul qu'on implore :
Il ne me reste plus qu'à recevoir ses lois.
Français comme mon frère, et du sang des Valois,
A leur gloire immortelle il me fallait atteindre.
Mais l'avez-vous permis?

LA REINE-MÈRE.

Et vous osez vous plaindre !
E ij

J'aurais pu pardonner des sentimens jaloux
Au jeune infortuné qui régnait avant vous.
Hélas! ce prince aveugle, à lui-même contraire,
Repoussait les conseils et le cœur de sa mère.
Vous ne me voyez pas vous confondre avec lui :
Que dans les champs guerriers d'Anjou soit votre appui;
Un tel honneur convient à la seconde place.
Je sais que votre cœur, plein d'une noble audace ,
A pour les grands exploits un penchant glorieux ;
Je sais que bien souvent on a vu vos aïeux
Entourés au combat de sang et de poussière,
Dans leur propre péril jeter la France entière.
Pour moi je les condamne, et le chef de l'état
Ne doit pas affecter les vertus d'un soldat.
Il est d'autres honneurs, il est une autre gloire,
Et l'art de gouverner vaut mieux qu'une victoire.
Nièce du grand Léon, fille des Médicis,
Dans ce chemin glissant je puis guider mon fils :
L'esprit qui les forma fut aussi mon partage;
Et j'ai su, les Français m'en rendront témoignage,
Punir ou caresser, suivant nos intérêts,
L'orgueil séditieux de vos premiers sujets,
Feindre de voir en eux tout l'appui de la France,
Des honneurs les plus grands enfler leur espérance,
Renverser tout-à-coup cette gloire d'un jour,

Les flatter, les gagner, les tromper tour-à-tour,
Et contre eux tous enfin m'armant de leur faiblesse,
Régner par la discorde, et diviser sans cesse.
Quand, durant votre enfance, on vit les protestans
S'unir contre la cour aux princes mécontens,
De Guise et de son frère élevant la puissance,
Je voulus arrêter le mal en sa naissance.
Mais enfin devenus trop grands par mes bienfaits,
Ils régnaient dans ce Louvre, et je conclus la paix.
Je me fis des amis dans le parti contraire.
L'ambitieux Condé, s'éloignant de son frère,
Bon sujet un moment, mais afin d'être roi,
Crut m'acheter lui-même, et se vendit à moi.
Avec Montmorenci je vis enfin s'éteindre
Le nom des triumvirs qui n'était plus à craindre.
Ce vieux soldat, toujours contre moi déclaré,
Rejoignit dans la tombe et Guise et Saint-André.
Il existait encor des ligues insolentes;
Contraints de recourir à des trèves sanglantes,
Nous avons trop connu les différens partis:
Long-tems de leur pouvoir ils nous ont avertis,
Mon fils; et si bientôt vous n'agissez, peut-être
Ce Coligni bientôt deviendra notre maître.

LE ROI DE FRANCE.

Qui? lui!

E iij

LA REINE-MÈRE.

J'ai dit le mot : c'est à vous de penser
Si vous avez encor le tems de balancer.
Devant vous, à l'instant, ne viens-je pas d'entendre
Ses discours, ses conseils, ce qu'il ose prétendre ?
Et n'avez-vous pas vu que son esprit jaloux
Veut m'écarter moi-même et dominer sur vous ?
Le nom de la patrie est toujours dans sa bouche ;
Mais de ses vains discours l'austérité farouche,
Trompant quelques esprits, ne peut m'en imposer :
Ses avis sont d'un maître ; et j'ai dû supposer,
D'après tous ces combats où sans cesse il aspire,
Qu'il veut accoutumer le peuple à son empire.

LE ROI DE FRANCE.

Je l'ai souvent pensé, je le sens, je le crois.
Pourtant....

———————

SCENE II.

LE ROI DE FRANCE, LA REINE-MÈRE,
LE CARDINAL DE LORRAINE.

LA REINE-MÈRE.

Venez, monsieur, venez vous joindre à moi.
Vous savez que le jour où la paix fut conclue,
La mort des protestans fut aussi résolue :
Et ce coup nécessaire au bonheur de l'état,
Punissant des mutins l'éternel attentat,
Des rives de la Seine aux bords de la Durance,
Devait ensanglanter les cités de la France.
Notre espoir est trahi, nos vœux sont superflus :
Mon fils craint de régner ; il veut, et n'ose plus.
Ramenez, s'il se peut, sa jeunesse imprudente.

LE CARDINAL.

Quoi ! sire, est-il bien vrai ? quoi ! votre ame flottante
Refuse d'obéir au vœu de l'Éternel !

LE ROI DE FRANCE.

Si telle est en effet la volonté du ciel,

Celui de qui je tiens mon rang et ma puissance
Me trouvera toujours prêt à l'obéissance.
Cependant je ne puis concevoir aisément
Comment le roi des rois, le Dieu juste et clément,
Devenant tout-à-coup sanguinaire et perfide,
Peut ainsi commander la fraude et l'homicide;
Comment il peut vouloir qu'à l'ombre de la paix,
Un roi verse à longs flots le sang de ses sujets.
Pontife du très-haut, c'est à vous de m'instruire.

LE CARDINAL.

Ecoutez donc son ordre, et laissez-vous conduire.

LE ROI DE FRANCE.

J'attends avec respect cet ordre redouté.

LE CARDINAL.

Le Dieu que nous servons est un Dieu de bonté;
Mais ce Dieu de bonté, de paix et d'indulgence,
Commande quelquefois la guerre et la vengeance;
Mais au mont Sinaï, l'avez-vous oublié?
Etouffant les clameurs d'une indigne pitié,
Les enfans de Lévi, ministres sanguinaires,
Pour plaire au Dieu jaloux ont immolé leurs frères;
Et la faveur du ciel, appaisé désormais,
Sur les fils de leurs fils descendit à jamais.

S'il a tonné, ce Dieu, par la voix de Moïse,
Il emprunte aujourd'hui la voix de son église.
Pensez-vous qu'un monarque ait droit d'examiner
Ce que veut l'Éternel, ce qu'il peut ordonner?
Mais vous, roi très-chrétien, vous de qui la jeunesse
Semble avoir obtenu le don de la sagesse,
Vous, de tant de saints rois noble postérité,
De leur zèle héroïque avez-vous hérité?
Fils aîné de l'église, en vous l'église espère;
Éveillez-vous, frappez, et vengez votre mère.
Frappez, n'attendez pas que son sein déchiré
Accuse votre nom vainement imploré:
Craignez, jeune imprudent, de recevoir des maîtres;
Tremblez que vous ôtant le rang de vos ancêtres,
Dieu ne vous fasse encor répondre de nos pleurs,
Et des maux de l'église, et de tous vos malheurs.

LE ROI DE FRANCE.

Arrêtez; loin de moi cet avenir horrible!
Arrêtez. De mon Dieu j'entends la voix terrible;
Il m'échauffe, il me presse, il accable mes sens.
Eh bien, j'obéirai, c'en est fait, j'y consens;
Je répandrai le sang de ce peuple perfide:
Après tout, ce n'est pas le sang qui m'intimide;
Je voudrais me venger. Mais ce grand coup porté,
Ma couronne et mes jours sont-ils en sureté?

LA REINE-MÈRE.

Ils y seront alors.

LE ROI DE FRANCE.

Vous avez ma promesse
Mais, je dois l'avouer, soit prudence ou faiblesse,
J'aurais voulu choisir un parti moins affreux.
De mes prédécesseurs les ordres rigoureux
Ont souvent, je le sais, sous des peines mortelles,
Interdit aux Français ces croyances nouvelles.
Je comptais rétablir les antiques édits ;
Je voulais au conseil en proposer l'avis.

LE CARDINAL.

Il faut les rétablir, mais après la vengeance.
Des esprits toutefois gagnons la confiance ;
Proposez votre avis. Vous allez effrayer
La moitié du conseil, sur-tout le chancelier.
Mais tout dissimuler serait une imprudence.
On peut se méfier d'un excès de clémence.
Proposez votre avis. Un si vaste projet
Veut de l'art, veut des soins, veut un profond secret.
Tout va bien jusqu'ici : votre épouse l'ignore ;
La cour en ce moment ne le sait pas encore ;
Nos guerriers l'apprendront une heure avant la nuit.

Mais, sire, eux exceptés, qu'aucun ne soit instruit.
Que l'amiral trompé....

LE ROI DE FRANCE.

            Je le jure, et sans peine.
Je pourrai le tromper; je le sens à ma haine.
Il doit, vous le savez, me parler en ces lieux.

LA REINE-MÈRE.

Oui, de projets, dit-il, importans, glorieux.
Quels que soient ces projets, il faut vous y soumettre;
Ne voulant rien tenir, vous devez tout promettre.
Enivrez-le d'espoir; qu'il ne puisse un instant
Ou voir, ou deviner le piége qui l'attend.
Il vient. Retirons-nous.

S C È N E　III.

LE ROI DE FRANCE, L'AMIRAL DE COLIGNI.

LE ROI DE FRANCE.

Assez long-tems, peut-être,
Vous avez, Coligni, méconnu votre maître.
Vous recouvrez enfin, dans ce jour de pardon,
Le crédit, les honneurs dus à votre maison ;
D'un frère fugitif je vous rends l'héritage,
Et toujours mes bienfaits seront votre partage.
Approchez-vous, mon père.

L'AMIRAL.

O mon maître ! ô mon roi !

LE ROI DE FRANCE.

D'écouter vos conseils je me fais une loi.
Parlez. Je les attends avec impatience ;
J'ai sur vous désormais placé ma confiance.

L'AMIRAL.

Je veux la mériter. Sire, il faut des combats.

Ne portons point la guerre au sein de vos états ;
Effaçons bien plutôt ces jours de nos misères ;
Philipe et ses sujets sont nos vrais adversaires.
De l'univers entier Philipe détesté,
Vit heureux et paisible, et presque respecté.
Je ne chercherai point à vous compter ses crimes ;
Jusques dans sa famille il a pris des victimes.
Carlos, avant le tems au tombeau descendu,
Jette un cri douloureux qui n'est pas entendu.
Le sang de votre sœur demande aussi vengeance.
Maintenant savez-vous quelle est son espérance ?
Déja dans sa pensée il combat les Français ;
Sur nos divisions il bâtit ses succès :
Le cruel dissimule ; il observe, il épie
S'il pourra dans nos champs porter le glaive impie ;
Si les jours sont venus où de perfides mains
Oseront jusqu'à vous lui frayer les chemins.
Quelques momens encor.... Et nous pourrions l'attendre !
A guider vos soldats si j'ose encor prétendre,
Oui, j'y prétends sur-tout afin de le punir ;
Dans ses affreux desseins je cours le prévenir.
Mais il faut travailler au bien de la patrie ;
Sire, n'employez pas, c'est moi qui vous en prie,
Rets, et Guise, et Tavanne, et tous ces courtisans,
Des malheurs de la France odieux artisans.

Recherchez un guerrier.... faut-il que je le nomme ?
Qui porte dans ses yeux le vœu d'être un grand homme ;
Ce prince magnanime, à vos destins lié,
Bourbon, ce jeune roi, ce roi votre allié,
Qu'on ne pourra bientôt comparer qu'à lui-même,
Ce neveu de Condé, que j'admire et que j'aime,
Son élève et le mien, déja plus grand que nous,
Digne enfin du beau nœud qui l'unit avec vous.
Confiez-nous le soin de garder la frontière,
Et le soin de l'attaque, et la fortune entière.
Aux marais de Bruxelle envoyez des soldats ;
Bourbon sera leur chef ; et d'autres sur mes pas,
S'avançant aussitôt le long des Pyrénées,
Prendront du Biscaïen les villes consternées.
Là, jusques à l'hiver, je bornerai mes coups ;
Je veux m'y retrancher, et, si l'on vient à nous,
Ensevelir aux champs d'une autre Cérisoles
Ces restes si vantés des bandes espagnoles ;
Puis, au sein de Madrid cherchant un furieux,
Venger de votre aïeul les fers injurieux,
Le trépas de Carlos, Isabelle immolée,
Et par un oppresseur l'Espagne dépeuplée.

LE ROI DE FRANCE.

Cette guerre est utile, et je n'en puis douter ;

Mais avant d'entreprendre il faut se consulter.
Les armes des Français pourront-elles suffire
A combattre l'Espagne et le chef de l'Empire ?
Ou bien de mes états ce dangereux voisin
Va-t-il contre Philipe épouser mon destin ?
Pensez-vous qu'il oublie, en faveur de la France,
Et leurs communs aïeux, et leur double alliance ?

L'AMIRAL.

Philipe, croyez-moi, loin d'avoir son appui,
Malgré tant de liens est étranger pour lui.
On sait depuis long-tems leur mésintelligence ;
Et nous devons sans doute en fixer la naissance
Au tems où Charles-Quint, lassé de sa grandeur,
Nommant son fils monarque, et son frère empereur,
Aux mains de ses neveux fit tomber en partage
La plus noble moitié de son vaste héritage.
Plaignez, plaignez Philipe : il n'a que des soldats.
L'amour de ses sujets ne le défendra pas ;
Le vatican sera son unique refuge.
Voulez-vous prendre aussi le vatican pour juge ?
Ah ! si Rome oubliait qu'un roi.... de votre nom,
Réduisit Alexandre à demander pardon,
Quand le Tibre et le Pô, fiers de notre vaillance,
Coulaient avec orgueil sous les lois de la France,

Il ne vous faudrait pas, imitant vos aïeux,
Perdre chez les Toscans des jours victorieux;
Et ces tems ne sont plus, où l'Europe avilie
Craignait les vains décrets du prêtre d'Italie.

LE ROI DE FRANCE.

Tant de sagesse est rare en des projets si grands.
Vous avez tout prévu; c'est assez, je me rends.
Courez venger l'état, l'honneur de mes ancêtres,
Et le sang de Carlos, et le sang de vos maîtres.
Montrez aux Castillans un nouveau Duguesclin;
Eteignez leur splendeur, déja sur son déclin;
Aux drapeaux des Français enchaînant la victoire,
De vos heureux desseins éternisez la gloire.
Par l'époux de ma sœur ils seront secondés;
C'est votre digne élève, et vous m'en répondez.

L'AMIRAL.

Sire, votre indulgence encourage mon zèle:
Oui, combattons l'Espagne, et réglons-nous sur elle.
Dans ses hardis projets il faut lui ressembler;
Pour l'effacer un jour, il la faut égaler.
Sachons, il en est tems, tout oser, tout connaître;
Et qu'à la voix d'un roi, vraiment digne de l'être,
Le commerce et les arts, trop long-tems négligés,
Par mes concitoyens ne soient plus outragés.

De ces fiers Castillans surpassons les conquêtes ;
Les chemins sont frayés, et les palmes sont prêtes.
Ce vaste continent qu'environnent les mers,
Va tout-à-coup changer l'Europe et l'univers.
Il s'élève pour nous aux champs de l'Amérique,
De nouveaux intérêts, une autre politique :
Je vois de tous les ports s'élancer des vaisseaux ;
Tout s'émeut, tout s'apprête à conquérir les eaux.
L'océan réglera le destin de la terre ;
Le paisible commerce enfantera la guerre ;
Mais ramenant les rois à leurs vrais intérêts,
Le besoin de commerce enfantera la paix ;
Et cent peuples rivaux de gloire et d'industrie,
Unis et rapprochés, n'auront qu'une patrie.
Le plaisir, instruisant par la voix des beaux arts,
Embellira la vie au sein de nos remparts.
Ah ! de cet heureux jour, qui ne luit pas encore,
Du Tibre à la Tamise on entrevoit l'aurore.
L'art de multiplier, d'éterniser l'esprit,
D'offrir à tous les yeux tout ce qui fut écrit,
Renouvelle le monde, et dans l'Europe entière
Déja de tous côtés disperse la lumière.
L'audace enfin succède à la timidité,
Le desir de connaître à la crédulité ;
Ce qui fut décidé maintenant s'examine,

Et vers nous pas à pas la raison s'achemine.
La voix des préjugés se fait moins écouter ;
L'esprit humain s'éclaire ; il commence à douter :
C'est aux siècles futurs de consommer l'ouvrage.
Quelque jour nos Français, si grands par le courage,
Exempts du fanatisme et des dissensions,
Pourront servir en tout d'exemple aux nations.

LE ROI DE FRANCE.

Oui, c'est le noble empire où nous devons prétendre.
La gloire vient du ciel ; qu'il daigne vous entendre !
Qu'il hâte les honneurs aux Français destinés !
Nous, préparons ces jours brillans et fortunés.
Le bien de mes sujets m'occupera sans cesse ;
Puissé-je par mes soins obtenir leur tendresse !

L'AMIRAL.

O mon roi ! je réponds de la France et de vous.
Si vous sentez le prix d'un hommage aussi doux.
Excusez ma franchise, à la cour étrangère.
Vous n'en redoutez point le langage sévère ;
Eh bien ! souffrez encore un avis généreux :
De tous ceux que m'inspire en ce moment heureux,
A vous, à votre état mon dévoûment sincère,
Ce sera le dernier, mais le plus nécessaire.
Sire, on vous a trompé. Vos édits inconstans,

Scellés presque toujours du sang des protestans,
Ont annoncé chez vous un cœur faible et mobile,
Dont pourrait abuser quelque imposteur habile.
Évitez les malheurs des rois trop complaisans ;
Ne laissez point sans cesse, au gré des courtisans,
Errer de main en main l'autorité suprême :
Ne croyez que votre ame, et régnez par vous-même ;
Et si de vos sujets vous desirez l'amour,
Soyez roi de la France, et non de votre cour.
Elle opprime le peuple. Ah ! d'un œil équitable,
Voyez toujours en lui votre appui véritable ;
Songez qu'autour de vous des millions d'humains,
D'un mot de votre bouche attendent leurs destins ;
Songez que pour vous seul tout ce peuple respire :
Il fait par ses travaux l'éclat de votre empire,
Il cultive nos champs, il défend nos remparts ;
Mais un voile ennemi vous cache à ses regards ;
Mais tandis qu'il se plaint, son monarque sommeille,
Et ses cris rarement vont jusqu'à votre oreille.
Rappelez-vous, mon maître, ayez devant les yeux
L'exemple révéré de vos plus grands aïeux.
L'un, sujet malheureux, eut un règne prospère ;
Il chérissait le peuple, et fut nommé son père.
L'autre, plus grand encor, dans la seule équité,
D'un monarque français mettant la majesté,

F ij

Indulgent pour ce peuple, à ses besoins propice,
Au pied d'un chêne assis lui rendait la justice.
De ce royal esprit laissez-vous animer;
Pour obtenir l'amour, leur secret fut d'aimer.

LE ROI DE FRANCE.

Leur vertu m'est présente, et l'état me contemple.
Comme eux je veux un jour laisser un grand exemple;
Je saurai mettre un terme à nos calamités:
Vos desseins, Coligni, seront tous adoptés.
Allez. A vos amis portez-en la nouvelle.
Gardez cette franchise et ce vertueux zèle.
Régner par vos avis est mon vœu le plus doux.

L'AMIRAL.

Le mien, sire, est de vivre et de mourir pour vous.

S C È N E IV.

LE ROI DE FRANCE, LA REINE - MERE.

LA REINE-MÈRE.

Vous avez entendu les projets du rebèle?

LE ROI DE FRANCE.

Vous les applaudiriez dans un sujet fidèle.

LA REINE-MÈRE.

Et qui pourrait compter sur la foi des pervers?

LE ROI DE FRANCE.

De l'état déchiré finir les longs revers,
Me servir, me défendre, est sa seule espérance.

LA REINE-MÈRE.

Ou son prétexte au moins.

LE ROI DE FRANCE.

                Il semble aimer la France;
Il a ce ton brûlant, ce ton de vérité,
Qui par les imposteurs n'est jamais imité.

Et cependant j'éprouve un pouvoir invincible
Qui rend à ses discours mon cœur inaccessible ;
Je sens que près de lui ce cœur intimidé
Est convaincu souvent, mais non persuadé.
L'habitude fait tout : je le hais dès l'enfance ;
Son zèle m'est suspect, il me pèse, il m'offense :
Soit que la vérité, pour éclairer les rois,
D'un ami qui leur plaît doive emprunter la voix ;
Soit que de vos conseils l'autorité m'entraîne ;
Soit plutôt que du ciel la bonté souveraine,
Au moment du péril me daignant avertir,
D'un perfide ennemi cherche à me garantir.

LA REINE-MÈRE.

Oui, c'est le ciel qui parle ; et tant de bienveillance
Mérite bien, mon fils, votre reconnaissance ;
Mais celle que de vous il exige aujourd'hui,
C'est d'agir pour vous-même, en agissant pour lui.
Coligni veut sur nous élever sa fortune ;
Il craint tous vos amis ; votre cour l'importune.

LE ROI DE FRANCE.

Oui, vous m'ouvrez les yeux ; il déteste ma cour.

LA REINE-MÈRE.

Odieux à la France, il la hait à son tour.

LE ROI DE FRANCE.

C'est le peuple qu'il aime.

LA REINE-MÈRE.

Il le flatte, sans doute.
Il veut gouverner seul ; et s'il faut qu'on l'écoute,
De vos aïeux bientôt nous quitterons la foi,
En attendant le jour où nous l'aurons pour roi.
Encore un coup, mon fils, c'est là qu'il veut atteindre.
Ah ! d'un chef de parti sachez qu'il faut tout craindre.
Une fois soupçonné, rien ne peut l'excuser,
Et son propre salut l'engage à tout oser.
Il subjugue aisément un crédule vulgaire.
Le peuple aux factions ne fut jamais contraire ;
Et par un grand éclat se laissant entraîner,
Il est bientôt soumis dès qu'on peut l'étonner.
Nos troubles éternels nous en donnent la preuve ;
Demain, vous en ferez une plus douce épreuve.
Du coup qu'on va frapper au milieu de la nuit,
Vos regards, dès demain, recueilleront le fruit ;
Et vous verrez ce peuple inquiet, indocile,
Se réveiller soumis, respectueux, tranquille,
Rentrer, par la frayeur, sous les lois du devoir,
Et d'un roi qui se venge adorer le pouvoir.
Venez dans le conseil, par une adresse heureuse,

Dissiper des soupçons l'atteinte dangereuse.
Songez bien que dés cœurs il faut les éloigner:
Tromper habilement fait tout l'art de régner.

FIN DU SECOND ACTE.

Votre vieux Chancelier vous implore pour elle:

Charles IX Trag. Act. III Sce II

A. Borel inv. del.

J. L. Delignon Sculp.

ACTE III.

SCÈNE PREMIÈRE.

LE CARDINAL DE LORRAINE, LE CHANCELIER DE L'HOPITAL.

LE CARDINAL.

Le conseil en ce lieu va bientôt s'assembler ;
Au nom du bien public je voudrais vous parler.
Promettez-moi sur-tout d'excuser ma franchise.

LE CHANCELIER.

Près d'un sujet, monsieur, elle est du moins permise.

LE CARDINAL.

J'aime votre vertu ; mais vous devez savoir
Qu'il faut de ses soutiens respecter le pouvoir ;
Qu'il faut plaire au monarque, et que votre naissance
Semblait d'un si haut rang vous ôter l'espérance.

LE CHANCELIER.

D'un semblable discours j'ai lieu d'être surpris :
Mais si le bien public vous dicte ces avis,
Vous n'entendrez de moi ni reproche, ni plainte ;
Je veux même y répondre, et m'expliquer sans feinte.
Quels ministres placés auprès d'un potentat,
L'aideront à porter le fardeau de l'état ?
Des sujets vertueux, éclairés, équitables ;
Ou ces grands, au monarque, au peuple redoutables,
D'une auguste famille enfans dégénérés,
Flétrissant les aïeux qui les ont illustrés ?
Le sort m'a refusé, je ne veux point le taire,
D'un long amas d'aïeux l'éclat héréditaire ;
Et l'on ne me voit point, de leur nom revêtu,
Par huit siècles d'honneurs dispensé de vertu :
Mais je sais mépriser ces vains droits de noblesse,
Que la force autrefois conquit sur la faiblesse.
Ah ! Suger, Olivier, de qui les noms vantés
Seront de siècle en siècle à jamais répétés,
Aux postes les plus hauts s'ils ont osé prétendre,
Fut-ce par leur naissance ; et dois-je vous apprendre
Que s'élevant d'eux-même à ce rang glorieux,
Ils comptaient des vertus, et non pas des aïeux ?
Je ne me place point parmi ces grands modèles :
Mais si le roi, monsieur, a des sujets fidèles,

Parmi les plus zélés, j'ose au moins le penser,
Et la France et vous-même avez dû me placer.

LE CARDINAL.

Il est vrai, je l'ai dit, je le redis encore,
Votre vertu m'est chère, et la France l'honore :
On pourrait toutefois, pardonnez cet aveu,
Vos ennemis pourraient la soupçonner un peu,
Malgré tant de mérite et tant d'expérience,
Lorsque vous nous montrez si peu de prévoyance.
Depuis qu'en un tournois l'ardent Montgommeri
Causa, sans le vouloir, le trépas de Henri,
Nous voyons le torrent des guerres intestines
Semer les champs français de meurtre et de ruines ;
La paix a de nos maux trois fois rompu le cours,
Et toujours étouffés, ils renaissent toujours.
Il faut détruire enfin ces germes homicides ;
Mais vous ne donnez, vous, que des conseils timides ;
Complaire tour-à-tour aux partis opposés,
Voilà, dans tous les tems, ce que vous proposez.
Unissons, dites-vous, protestant, catholique ;
Et vous ne songez pas que votre politique
Fomente autour de nous des troubles éternels,
Qu'elle offense l'état, qu'elle insulte aux autels !
Ce projet trouverait un obstacle invincible :

On n'exécute rien quand on veut l'impossible.
Je ne demande point la guerre et les combats ;
Ils n'ont que trop duré ; mais dans tous les états
Il faut, et c'est à vous, monsieur, que j'en appelle,
Une religion constante, universelle,
Solide, et craignant peu le vain emportement
Du peuple, qui toujours se plut au changement.
Choisissons désormais. Ces deux cultes contraires
Enfanteraient encor des malheurs nécessaires :
Un seul doit réunir nos peuples et nos rois,
Et tous les protestans sont ennemis des lois.

LE CHANCELIER.

Ministre des autels, quelle est votre espérance ?
Eh ! quoi ! prétendez-vous renouveler en France
Ces sanglans tribunaux à Madrid révérés ?
N'enchainez point les cœurs par des liens sacrés.
Dans le moindre mortel si vous voyez un frère,
A ses yeux égarés présentez la lumière ;
Mais ne vous placez pas entre le ciel et lui :
Ce ciel n'a pas besoin de votre faible appui.
La vertu des humains n'est point dans leur croyance :
Elle est dans la justice et dans la bienfaisance.
De quel droit des mortels parlant au nom des cieux,
Nous imposeraient-ils un joug religieux ?

Comment déterminer la borne des pensées ?
N'allez pas recourir à des lois insensées
Qu'une ignorante haine a pu seule établir :
Loin de les réclamer, on doit les abolir.

LE CARDINAL.

Ce n'est pas là du moins ce que le roi veut faire ;
Je ne reconnais point les leçons de sa mère :
Tous deux sont fatigués de nos dissensions,
Et je crois être sûr de leurs intentions.
Un roi peut ce qu'il veut.

LE CHANCELIER.

                    Quelle horrible maxime !
Ainsi les souverains sont traînés dans l'abîme !
Si le roi vous croyait.... Juste ciel ! j'en frémis !
Quoi ! de leur liberté lâchement ennemis,
Je verrai les Français, martyrs du fanatisme,
Sur leur trône, à l'envi, placer le despotisme !
Non, non, des souverains connaissez mieux les droits :
Nous sommes leurs sujets ; ils sont sujets des lois.
Il est, il est, monsieur, de ces princes sinistres,
Destructeurs d'un pouvoir dont ils sont les ministres ;
Mais lorsque tout-à-coup dissipant leurs flatteurs,
Faisant évanouir les songes corrupteurs,
Le jour est arrivé, le jour de la vengeance,

Qui sous la main de Dieu va mettre leur puissance,
Un éternel affront les attend au cercueil ;
L'horrible solitude accompagne le deuil ;
Et souvent en secret, sous de lugubres marques,
Les peuples ont béni le trépas des monarques.
Ne cachez point au roi, que parmi ses aïeux
Il est des noms sacrés, et des noms odieux.
Louis neuf à jamais laisse un modèle auguste ;
Il fut brave et pieux, et sur-tout il fut juste ;
Son sceptre ne fut pas trop faible ou trop pesant ;
Et s'il eut des erreurs, quel homme en est exempt ?
Si l'excès d'un vain zèle a séduit son courage,
A ce grand roi, du moins, rendons un digne hommage :
Ses fautes sont du tems, ses vertus sont de lui ;
La voix du monde entier le révère aujourd'hui.
Le fils de Charles sept n'aima que les supplices ;
Il redoutait son peuple, et jusqu'à ses complices :
Fils et sujet rebèle, et roi dénaturé,
De gardes, de flatteurs, de bourreaux entouré,
Sa sombre tyrannie entassait les victimes,
Et des prisons d'état il peuplait les abîmes.
Il fut craint : mais l'histoire a dans tout l'avenir
De haine et de mépris chargé son souvenir.
Quel exemple aux mortels qui portent la couronne !
Laissons faire le tems ; à la grandeur du trône

On verra succéder la grandeur de l'état :
Le peuple tout-à-coup reprenant son éclat,
Et des longs préjugés terrassant l'imposture,
Réclamera les droits fondés par la nature ;
Son bonheur renaîtra du sein de ses malheurs :
Ces murs baignés sans cesse et de sang et de pleurs,
Ces tombeaux des vivans, ces bastilles affreuses,
S'écrouleront alors sous des mains généreuses :
Au prince, aux citoyens imposant leur devoir,
Et fixant à jamais les bornes du pouvoir,
On verra nos neveux, plus fiers que leurs ancêtres,
Reconnaissant des chefs, mais n'ayant point de maîtres ;
Heureux sous un monarque ami de l'équité,
Restaurateur des lois et de la liberté.

LE CARDINAL.

Oui, ce discours, sans doute, est un élan sublime ;
On reconnaît toujours l'esprit qui vous anime,
Cet orgueil de sagesse, et ce langage outré
D'un fougueux magistrat par le zèle égaré,
Qui résistant au fils, et jugeant les ancêtres,
Ose usurper le droit de condamner ses maîtres.
Finissons. Mais je veux ne vous déguiser rien :
Le crédit qui vous reste est peut-être le mien.
Enfin vous me devez votre fortune entière ;

Et lorsque Médicis, exauçant ma prière,
Remit, sous le feu roi, les sceaux entre vos mains,
Je suis, disais-je alors, garant de ses desseins;
Du seul bien de l'état son ame est occupée:
Elle m'a cru, monsieur.

LE CHANCELIER.

                     Et l'avez-vous trompée ?
C'est en effet l'état que j'ai dû soutenir.
Mais le passé n'a point quitté mon souvenir.
Sans vous, sans votre appui, peut-être ma fortune,
Je veux bien l'avouer, eût été plus commune.
Si le rang que j'occupe est un de vos bienfaits,
Si je vous dois beaucoup, je dois plus aux Français.
Il fallait enchaîner les discordes civiles,
Fixer des droits rivaux les bornes difficiles;
Et quand tous les partis ont méconnu les lois,
Faire entendre par-tout leur inflexible voix.
Pour appui dès long-tems n'ayant que mon courage,
Par-tout, jusqu'à ce jour, j'ai fait tête à l'orage;
J'ai tâché d'accomplir ou de montrer le bien,
D'être sujet, monsieur, mais d'être citoyen,
De bien servir mon prince, et non pas de lui plaire.

LE CARDINAL

Le roi vient. (à part) Je crains peu cette vertu sévére.
SCENE

SCÈNE II.

LE ROI DE FRANCE, LA REINE-MÈRE, LE CHANCELIER DE L'HOPITAL, LE CARDINAL DE LORRAINE, LE DUC DE GUISE, AUTRES MEMBRES DU CONSEIL.

Les gardes et les pages accompagnent le roi au conseil, et se retirent.

LE ROI DE FRANCE.

PRENEZ place, messieurs. Parlez, éclairez-moi ;
Écouter ses sujets est le devoir d'un roi :
Aidez de vos conseils un prince qui vous aime ;
Songez à mon empire, et non pas à moi-même.
Dix ans déja passés, un édit important
Permit dans mes états le culte protestant.
Je veux qu'un tel édit fût alors nécessaire ;
Mais il n'a pu donner qu'un calme imaginaire :
Vous le savez, Madame ; et de nos deux traités
Nous avons recueilli des fruits ensanglantés.

G

Un troisième est conclu : qu'il nous soit moins funeste !
On se repent ; je veux oublier tout le reste.
Au destin de ma sœur Bourbon vient d'être uni ;
De gloire et de bienfaits j'ai comblé Coligni ;
Je vois l'homme d'état et non plus le rebelle ;
Je lui rends une estime, une amitié nouvelle ;
Condé me sera cher ; et tous mes vrais amis
Ne se compteront plus parmi leurs ennemis.
Ne vous alarmez point : mes bontés, je l'espère,
Vont les rendre aujourd'hui plus soigneux de me plaire.
Mais du moins il est tems de cimenter la paix :
Il est tems qu'un édit prescrive à mes sujets
De rentrer dans le sein de l'église éternelle.
A cette auguste loi s'il est quelque infidèle,
Par son juste trépas c'est à moi de venger
Rome, et ce Dieu puissant que l'on ose outrager.

LA REINE-MÈRE.

Rendez, rendez, mon fils, au trône, à la patrie,
A la religion sa majesté chérie.
Nos malheurs sont finis ; ils semblent désormais
Se perdre dans l'éclat d'une éternelle paix.
Mais trop souvent, au gré des ligues mutinées,
Un seul jour a détruit l'œuvre de vingt années.
La mort frappe les rois ; un lâche successeur,

Ou peu digne, ou jaloux de son prédécesseur,
De ses projets bientôt laisse tomber la gloire,
Et veut dans le cercueil éteindre sa mémoire.
Par-delà le tombeau régnez sur les Français;
Sur les siècles futurs étendez vos bienfaits;
Dans un repos certain que la France respire;
Que rien n'agite plus le culte ni l'empire.
Vous imposez un frein à la rebellion,
Le frein de la clémence; et, soit ambition,
Soit pouvoir des bienfaits, soit crainte aussi peut-être,
Les grands adopteront le culte de leur maître;
Et nous verrons sans doute, après leur changement,
Les restes du parti détruits en un moment.
D'un œil imitateur le peuple les contemple;
De son premier modèle il suit toujours l'exemple:
Pour eux, non pour Calvin, son choix s'est déclaré;
Il ne méprise point ceux qui l'ont égaré;
Mais, frappé d'un retour injuste ou légitime,
Il revient sur ses pas avec ceux qu'il estime.
Le tems calmera tout. Ne croyez pas pourtant
Être approuvé d'abord de ce peuple inconstant:
Non, jusques aux bienfaits tout lui paroît à craindre;
Il ne voit que des maux, et veut toujours se plaindre.
Ses cris vous parviendront; c'est à vous d'achever:
Sachez le mépriser, mon fils, et le sauver.

G ij

LE CARDINAL.

Sire, du cœur des rois c'est le ciel qui dispose ;
C'est lui qui vous inspire, et vous vengez sa cause :
Il bénira vos jours. Tel est mon sentiment.

LE DUC.

Si l'on peut en effet s'expliquer librement,
Sire, après nos malheurs renouvelés sans cesse,
J'oserai demander pourquoi tant de faiblesse,
Pourquoi tous ces traités que je ne conçois pas.
Un poison dangereux infecte vos états ;
L'amour de la discorde et des choses nouvelles,
Enhardit contre vous un amas de rebelles.
Ah ! si l'on eût daigné leur imposer des lois,
Votre frère, à mes yeux, les a vaincus deux fois :
Sire, je lui connais des rivaux en courage ;
Mais vous ne voulez pas consommer votre ouvrage.
Peut-être aurez-vous lieu de vous en repentir :
Il faudrait les dompter, et non les convertir.

LE CARDINAL.

Il faut des saintes lois implorer la puissance,
Punir, épouvanter la désobéissance,
Et non tenter encor le hasard incertain
D'une éternelle guerre où le sang coule en vain.
Sire, un mal violent veut un remède extrême :

L'état trop divisé s'est affaibli lui-même ;
Et si l'on veut guérir sa funeste langueur,
Dix combats feront moins qu'un instant de rigueur.
Soyez semblable au Dieu que le monde révère ;
Montrez-vous à-la-fois indulgent et sévère ;
Avec le châtiment présentez le pardon ;
Et faisant de vous-même un entier abandon,
Sans épargner le sang, mais sans trop le répandre,
Craignez les passions qui pourraient vous surprendre.
Écoutez, chérissez les ministres du ciel ;
Tout le pouvoir du trône est fondé sur l'autel.
De Pépin jusqu'à vous, Rome et les rois de France
Conservèrent toujours une étroite alliance :
Ainsi de jour en jour votre puissant état
A vu par le saint-Siége augmenter son éclat.
Soyez reconnaissant ; croyez que votre zèle
Ne saurait surpasser sa tendresse fidèle.

LE ROI DE FRANCE au chancelier.

Vous vous taisez, Monsieur ?

LE CHANCELIER.

   Sire, permettez-moi....

LE ROI DE FRANCE.

Ainsi vous refusez d'éclairer votre roi !

LE CHANCELIER.

Eh bien, vous l'ordonnez ; je romprai le silence.
On parle du saint-Siége et de reconnaissance :
Est-il d'ingratitude où le bienfait n'est pas ?
Je pourrais vous citer des pontifes ingrats :
L'Europe a vu cent rois armés pour leur défense,
Et le sang des héros cimenta leur puissance.
De notre antique histoire interrogez les tems ;
Qui leur a pu donner ces destins éclatans ?
Sujets des empereurs, qui les a rendus maîtres ?
Ils doivent leurs états à l'un de vos ancêtres.
Quel usage ont-ils fait de ces droits contestés ?
Accumulant les biens, vendant les dignités,
Ils osent commander en monarques suprêmes,
Et d'un pied dédaigneux fouler vingt diadèmes.
Un prêtre audacieux fait et défait les rois :
Vos aïeux l'ont souffert. Mais voyez à sa voix
Jean-sans-terre quittant, reprenant la couronne ;
Sept empereurs chassés de l'église et du trône,
Forcés de conquérir la foi de leurs sujets,
Ou dans Rome à genoux courant subir la paix.
Voyez Charles d'Anjou, le fils des rois de France,
Remplir du vatican l'odieuse espérance ;
Il vole, il sacrifie à d'injustes fureurs

Le reste infortuné du sang des empereurs,
Et son ambition , cruellement docile ,
Prépare à nos Français les vêpres de Sicile.
Un enfant , seul espoir de Naple et des Germains,
Conradin, vers le ciel levant ses jeunes mains,
Périt sur l'échafaud en demandant son crime ,
Convaincu du forfait d'être un roi légitime.
A ce vertige affreux trois siècles sont livrés :
Toujours du sang, toujours des attentats sacrés,
Investiture, exil, meurtres et parricides,
Et l'anneau du pécheur scellant les régicides.
Faut-il nous étonner si les peuples lassés,
Sous l'inflexible joug tant de fois terrassés,
Par les décrets de Rome assassinés sans cesse,
Dès qu'on osa contre elle appuyer leur faiblesse,
Bientôt, dans la réforme ardens à se jeter,
D'un pontife oppresseur ont voulu s'écarter ?
C'est ainsi qu'au milieu des bûchers de Constance,
Le schisme d'un moment puisa quelque importance ;
Ainsi, que des prélats l'indiscrète fureur,
Conquit trente ans de guerre et la publique horreur.
C'est ainsi que Luther, au vatican rebelle,
Établit aisément sa doctrine nouvelle ;
Après lui, c'est ainsi que l'austère Calvin
Dans Genève eut encore un plus brillant destin,

Il n'est qu'une raison de tant de frénésie :
Les crimes du saint-Siége ont produit l'hérésie.
L'évangile a-t-il dit, « Prêtres, écoutez-moi,
« Soyez intéressés, soyez cruels, sans foi,
« Soyez ambitieux, soyez rois sur la terre ;
« Prêtres d'un Dieu de paix, ne prêchez que la guerre ;
« Armez et divisez, pour vos opinions,
« Les pères, les enfans, les rois, les nations ? »
Voilà ce qu'ils ont fait : mais ce n'est point là, sire,
La loi que l'évangile a daigné leur prescrire.
Si Genève s'abuse, il la faut excuser ;
Et, sans être coupable, on pouvait s'abuser.
Genève aura pensé que ce livre suprême,
Bon, juste, plein du Dieu qui le dicta lui-même,
Toujours cité dans Rome, et si mal pratiqué,
Peut-être aussi dans Rome était mal expliqué.
Dussions-nous de Calvin condamner l'insolence,
Entre les deux partis l'Europe est en balance,
Et parmi vos sujets le poison répandu,
Jusque dans votre cour déja s'est étendu.
Ah ! quoique vos sujets, si vous devez les plaindre,
Sire, vous n'avez pas le droit de les contraindre.
Le dernier des mortels est maître de son cœur ;
Le tems amène tout, et ce n'est qu'une erreur ;
Et si quelques instans elle a pu les séduire,

L'avenir est chargé du soin de la détruire.
Mais affecter un droit qu'on ne peut qu'usurper !
Commander aux esprits de ne pas se tromper !
Non, non ; c'est réveiller les antiques alarmes.
En lisant votre édit, tout va courir aux armes ;
Et vous verrez encor dans nos champs désolés,
Par la main des Français les Français immolés,
Après tant de traités les Français implacables,
Et contraints par vous-même à devenir coupables.
Citoyen de la France, et sujet sous cinq rois,
Sous votre frère et vous ministre de ses lois,
J'ai voulu raffermir ses grandes destinées ;
Elle est chère à mon cœur depuis soixante années.
Sire, écoutez les lois, l'honneur, la vérité ;
Sire, au nom de la France, au nom de l'équité,
Par cette ame encor jeune, et qui n'est point flétrie,
Au nom de votre peuple, au nom de la patrie,
Dirai-je au nom des pleurs que vous voyez couler,
Que tant de maux sacrés cessent de l'accabler :
Rendez-lui sa splendeur qui dut être immortelle ;
Votre vieux Chancelier vous implore pour elle :
Ou bien, si ma douleur ne peut rien obtenir,
Je ne prévois que trop un sinistre avenir ;
Mais sachez que mon cœur n'en sera point complice :
Avant les protestans qu'on me mène au supplice :

Je condamne à vos pieds ce dangereux édit ;
Je ne le puis sceller ; punissez-moi : j'ai dit.

LE ROI DE FRANCE.

Moi ! je vous punirais ! non, non, des traits de flâme,
Tandis que vous parliez, ont pénétré mon ame.
Chancelier, je vous crois, et je pleure avec vous ;
Oui, je veux adopter des sentimens plus doux ;
Oui, c'est la vérité ; je dois la reconnaître.
Oui, j'ai pu me tromper : on m'égarait peut-être.
Adieu, Madame ; et vous, suivez-moi, chancelier.

SCÈNE III.

LA REINE-MÈRE, LE CARDINAL DE LORRAINE, LE DUC DE GUISE.

LE CARDINAL.

L'ouvrage de mes mains commence à m'effrayer.
D'un zèle ambitieux vous voyez le prestige ?

LA REINE-MÈRE.

Ne craignez rien.

LE CARDINAL.

Le roi...

LA REINE-MÈRE.

Ne craignez rien, vous dis-je.
Aux discours d'un vieillard il s'est laissé troubler ;
Mais c'est encor mon fils, et je vais lui parler.

LE CARDINAL.

Nos ennemis...

LA REINE-MÈRE.

Mourront. Rien ne peut les absoudre.

LE DUC.

Parlez-lui donc, madame, et daignez le résoudre.
Coligni peut encor tramer quelque attentat,
Et son culte nouveau renverserait l'état,
Et de tous les forfaits ses amis sont capables,
Et le bonheur public veut le sang des coupables.
Le roi laisserait-il échapper les instans?
Voudrait-il reculer? Songez qu'il n'est plus tems.
A vous, à nous du moins, ce serait faire injure:
Qu'il achève; ou bientôt, c'est moi qui vous le jure,
Dans sa cour, à ses yeux, vous verriez des sujets
Assurer, malgré lui, le bonheur des Français.

FIN DU TROISIÈME ACTE.

Je répands fur vous tous fes bénédictions:
Charles IX Trag. Ac. IV. Sce. VI.
A Borel inv.
Berthe Sculp

ACTE IV.

SCÈNE PREMIÈRE.

LA REINE-MÈRE, LE CARDINAL DE LORRAINE, LE DUC DE GUISE.

LE CARDINAL.

D'ou peut venir, madame, un si prompt changement?

LA REINE-MÈRE.

J'ai couru le chercher dans son appartement :
L'Hôpital en sortait. Mon fils, à mon approche,
A soudain contre nous exhalé le reproche ;
Il s'est plaint de vous-même, et plus encor de moi ;
Sur-tout de l'Hôpital il m'a vanté la foi.
« C'est le seul, a-t-il dit, qui ne veut point me nuire.
« Environné d'amis zélés pour me séduire,
« Mon ame contre eux tous a besoin de s'armer,
« Et je dois craindre enfin ce que je dois aimer. »

A ces mots, l'observant d'un œil tendre et paisible,
« Mon fils, à vos chagrins votre mère est sensible, »
Ai-je dit, « et pour vous mon ardente amitié
« Va presque en ce moment jusques à la pitié.
« De votre chancelier je connais la prudence ;
« Mais ce faste imposant de sa vaine éloquence
« Peut, je crois, attirer quelque soupçon sur lui :
« On a moins de chaleur en parlant pour autrui.
« Vous ne comprenez pas quel intérêt l'anime ?
« La France, dont jadis il mérita l'estime,
« L'accuse de pencher en secret pour Calvin :
« Le jugement public ne saurait être vain.
« Vous craignez qu'avec vous je ne sois pas sincère ?
« Le fils le plus chéri peut redouter sa mère !
« L'ambition souvent inspire des sujets :
« Mais moi, si je vous trompe, où tendent mes projets ?
« Mon éclat vient de vous, mes destins sont les vôtres,
« Vos intérêts les miens ; je n'en puis avoir d'autres.
« Jugez-nous maintenant. » Ce discours l'a frappé.
Long-tems de me répondre il semblait occupé ;
D'un silence plus tendre il éprouvait les charmes ;
Il pleurait : à ses pleurs j'ai mêlé quelques larmes ;
J'ai calmé lentement son esprit combattu,
Vantant sa piété, la première vertu.
Des éloges flatteurs son oreille est éprise :

Je l'ai cent fois nommé le vengeur de l'église,
Son enfant le plus cher, son plus ferme soutien :
Et des embrassemens ont fini l'entretien.

LE DUC.

Mais osez-vous compter sur cette ame incertaine,
Qu'un mot peut émouvoir, et qu'un instant ramène ?

LA REINE-MÈRE.

Je conçois votre doute ; et pour nous garantir
Des dangereux effets d'un nouveau repentir,
Je viens d'avoir recours à mes agens fidèles.
J'ai fait semer par-tout que le chef des rebelles,
Pour d'utiles forfaits renonçant aux combats,
De Charle et de moi-même a juré le trépas ;
Qu'il a dans Orléans fait son apprentissage ;
Que d'un second Poltrot il voudrait faire usage.
Cependant j'ai, sur l'heure, envoyé près du roi
Des serviteurs zélés dont je connais la foi ;
Et, par eux informé de ce bruit populaire,
Vous sentez à quel point va monter sa colère.
Il est extrême en tout ; je réponds du succès.

LE CARDINAL.

Ainsi l'on vous devra le salut des Français.

LA REINE-MÈRE.

Qu'il agisse aujourd'hui ; demain qu'il se repente :
J'y consens. Mais vers nous c'est lui qui se présente.
Il paraît égaré.

SCÈNE II.

LE ROI DE FRANCE, LA REINE-MÈRE,
LE CARDINAL DE LORRAINE, LE DUC
DE GUISE, COURTISANS, GARDES, PAGES.

LE ROI DE FRANCE troublé, sans voir personne.

PORTER la main sur moi!

LE CARDINAL, à la Reine-mère.

Il pense à Coligni.

LE ROI DE FRANCE.

Tel est le sort d'un roi!

LA REINE-MÈRE aux Guises

Je l'entends qui se plaint.

LE ROI DE FRANCE.

Et l'on nous porte envie!
Trop

Trop heureux le mortel qui peut cacher sa vie !
Le trône est bien souvent chargé d'infortunés.

A la Reine-mère.

C'est vous ! je vous cherchais. Ah ! madame... apprenez...
Vous ne me trompiez pas.... et tant de barbarie....
De l'indigne Amiral savez-vous la furie ?

LA REINE-MÈRE.

Je sais tout ; je crois tout.

LE DUC.

Il faut le prévenir.

LE CARDINAL.

Punissez Coligni.

LE ROI DE FRANCE.

Si je veux le punir !

LA REINE-MÈRE.

Cachez votre courroux ; notre ennemi s'avance.

LE ROI DE FRANCE.

Il oserait encore affronter ma présence !
Non. Qu'il n'approche pas !

LE CARDINAL.

Calmez vos sens troublés.

LA REINE-MÈRE.

Songez à la vengeance. Il vient : dissimulez.

H

SCÈNE III.

LE ROI DE FRANCE, LA REINE-MÈRE, LE CARDINAL DE LORRAINE, LE DUC DE GUISE, LE ROI DE NAVARRE, L'AMIRAL DE COLIGNI, LE CHANCELIER DE L'HÔPITAL, PROTESTANS DE LA SUITE DE L'AMIRAL, COURTISANS, GARDES, PAGES.

L'AMIRAL.

On n'a point fait la paix, Sire, en quittant les armes;
Et je viens à vos pieds déposer mes alarmes:
Je viens auprès du trône invoquer un appui,
Dans les nouveaux périls qu'on m'annonce aujourd'hui.
Ce prince généreux, devenu votre frère,
L'Hôpital, de nos lois le ministre sévère,
Et ceux qui m'ont jadis suivi dans les combats,
Ont voulu près de vous accompagner mes pas.
Au destin d'un ami leur grand cœur s'intéresse:
Ils ont tous entendu votre auguste promesse.
Un récit, toutefois qui me semble douteux,
Annonce plus d'un crime et des piéges honteux.

LE ROI DE FRANCE.

Plus d'un crime! expliquez....

L'AMIRAL.

L'un n'est qu'imaginaire.
Au sein de votre cour, une main sanguinaire
Déja, dit-on, s'apprête au plus lâche attentat,
Et veut par un seul coup renverser tout l'état.
Il s'agit de frapper....

LE ROI DE FRANCE.

Qui donc?

L'AMIRAL.

Votre personne.

LE ROI DE FRANCE.

Quel est le criminel?

L'AMIRAL.

C'est moi que l'on soupçonne.
Des courtisans jaloux ont répandu ces bruits;
Ils veulent par ma mort en recueillir les fruits.
Je sais quels ennemis pensent ternir ma gloire,
Et je frémis pour vous, si vous daignez les croire.

LE ROI DE FRANCE.

Moi! je les croirais!

L'AMIRAL.

Non : j'ose au moins l'espérer.
On ajoûte, et d'abord je dois vous déclarer
Que de mes envieux la funeste puissance
M'a fait à ce discours donner quelque croyance :
Je sais trop qu'à me perdre ils sont tous occupés,
Et c'est le sort des rois d'être souvent trompés.
On ajoûte, on prétend qu'une troupe perfide
M'impute auprès de vous cet affreux parricide,
Et qu'enfin de ma vie on doit trancher le cours.

LE ROI DE FRANCE.

Se peut-il....

L'AMIRAL.

Oui, j'apprends qu'on en veut à mes jours.
Je viens savoir de vous ce qu'il faut que j'en pense.

LA REINE - MÈRE.

Le roi devait s'attendre à plus de confiance.

L'AMIRAL.

Vous le voyez assez ; mon cœur se fie au sien,
Puisque je viens, madame, implorer son soutien.

LE ROI DE NAVARRE.

Pardonnez ; le soupçon me paraît excusable.
Punit-on Maurevert ? ou n'est-il point coupable ?

LA REINE-MÈRE.

Prince, on doit le punir.

LE ROI DE NAVARRE.

Le roi l'avait promis.

LA REINE-MÈRE.

Eh quoi! douteriez-vous des sermens de mon fils?

LE ROI DE NAVARRE.

Je ne sais point douter de la foi d'un monarque.

LA REINE-MÈRE.

Vous avez de la sienne une infaillible marque,
Et l'hymen de sa sœur est un gage assuré
Qu'il est prêt à tenir tout ce qu'il a juré.

LE ROI DE NAVARRE.

Eh bien, par ce saint nœud, par le doux nom de frère,
Sire, à vos intérêts ne soyez point contraire.
Protégez un guerrier redoutable et soumis;
Dans ses persécuteurs voyez vos ennemis.
Un prince est vraiment grand lorsqu'il punit le crime;
Plus grand, lorsqu'il soutient la vertu qu'on opprime.

LE ROI DE FRANCE.

De tous ses ennemis l'Amiral est vainqueur;

Ses conseils vertueux sont au fond de mon cœur:
Craindrait-il que son maître eût dessein de lui nuire?

L'AMIRAL.

Je crains votre bonté trop facile à séduire.

LA REINE-MÈRE, à l'Amiral.

Au milieu des faux bruits qui vous ont alarmé,
Des sentimens du roi l'Hôpital informé
Pouvait tenter au moins de rassurer votre ame.
Il le devait peut-être.

LE CHANCELIER.

Et je l'ai fait, madame.

L'AMIRAL.

Le roi seul est garant des volontés du roi,
Madame: un mot de lui peut calmer mon effroi.

LA REINE-MÈRE.

Parlez, mon fils.

LE ROI DE FRANCE, regardant toujours la Reine-mère.

Le ciel, maître des destinées,
Ne peut hâter par vous la fin de mes années.
Non; je dois vous compter au rang de mes soutiens:
Si vos drapeaux souvent ont combattu les miens,
C'est des troubles civils la suite accoutumée;

Des Français à la France opposaient une armée :
Ces fautes sont du sort , je les veux excuser ;
C'est le malheur des tems qu'il en faut accuser :
Je connais votre cœur, et n'ai pas à m'en plaindre.

L'A M I R A L , aux Guises.

Vous l'entendez, messieurs.

L E R O I D E F R A N C E.

     Vous n'avez rien à craindre.

L'A M I R A L.

A mes persécuteurs puis-je opposer mon roi ?

L E R O I D E F R A N C E.

Vous le pouvez, sans doute , et j'en donne ma foi.

L'A M I R A L.

Je dédaigne à présent leurs trames criminelles.

L E D U C.

Nous verrons donc finir ces craintes éternelles ?

L'A M I R A L.

Je puis craindre à la cour, mais non pas aux combats ;
J'étais déja fameux quand vous n'existiez pas.

L E D U C.

Le soupçon ne convient qu'à des ames timides.

H iv

L'AMIRAL.

Jeune homme, on le connaît au milieu des perfides.

LE DUC.

Quant à moi, je ne vois qu'un traître dans ces lieux.

L'AMIRAL.

Il en est deux pourtant qui s'offrent à mes yeux.
Montrant sa blessure.
Ce coup n'a point rempli leur cruelle espérance.

LE DUC.

Celui qui l'a porté voulut venger la France.

LE ROI DE FRANCE.

Guise !

L'AMIRAL.

Ah ! du meurtrier on a conduit la main.

LE DUC.

Qui ?

L'AMIRAL.

Vous pourriez le dire.

LE DUC.

Expliquez-vous enfin.

L'A M I R A L.

Vous.

L E D U C.

Je ne l'ai point fait ; mais je l'aurais dû faire.

L E R O I D'E N A V A R R E.

Comment !

L E D U C.

J'aurais puni l'assassin de mon père.

bas à la Reine-mère.

Adieu. Je vais hâter l'instant de nous venger.

SCÈNE IV.

LE ROI DE FRANCE, LA REINE-MÈRE,
LE CARDINAL DE LORRAINE, LE ROI
DE NAVARRE, L'AMIRAL DE COLIGNI,
LE CHANCELIER DE L'HOPITAL;
PROTESTANS DE LA SUITE DE L'AMIRAL, COUR-
TISANS, GARDES, PAGES.

L'AMIRAL.

AINSI, de son aveu, mes jours sont en danger!

LA REINE-MÈRE.

De cet ambitieux nous blâmons l'insolence ;
Mais son orgueil demain gardera le silence :
Vous n'aurez point formé des souhaits superflus,
Et de vos ennemis vous ne vous plaindrez plus.

L'AMIRAL.

Sire, excusez encor ma sombre défiance,
Ce fruit amer de l'âge et de l'expérience.
Que votre cœur m'écoute : il semble que ma voix
Se fait entendre à vous pour la dernière fois.
Le trône où vous régnez est entouré de piéges,
De guerriers corrupteurs, de prêtres sacriléges.

O mon roi ! pensez-y ; profitez des instans :
Hélas ! demain peut-être il ne sera plus tems.

LE CARDINAL.

C'est ainsi qu'à la haine un guerrier s'abandonne :
Un pontife outragé le plaint, et lui pardonne.

L'AMIRAL.

Qui ? vous me plaindre ! ô ciel ! vous, m'oser pardonner !
Un tel excès d'injure a de quoi m'étonner.
Quant à moi, je ne puis vous pardonner vos crimes.
Toujours les protestans ont été vos victimes :
C'est vous qui réclamiez, pour soumettre les cœurs,
Le secours des bourreaux et des inquisiteurs :
C'est vous qui menaciez du plus honteux supplice,
De malheureux sujets qui demandaient justice :
Vous, enrichi des pleurs et du sang des Français,
Comblé tout à-la-fois de biens et de forfaits.
Sire, j'ai desiré de sauver votre empire,
Mais à le renverser je vois que tout conspire.
Sur une cour perfide ouvrez enfin les yeux,
Et craignez, craignez tout de ce sang odieux :
Voilà les ennemis du trône et de la France.
Si vous ne les chassez loin de votre présence,
Si vous ne les chargez de tout votre courroux,
Ces méchans, croyez-moi, perdront l'état et vous.

SCÈNE V.

LE ROI DE FRANCE, LA REINE-MÈRE,
LE CARDINAL DE LORRAINE, COURTI-
SANS, GARDES, PAGES.

LA REINE-MÈRE.

DOUTEREZ-VOUS encor des projets de sa haine?

LE CARDINAL.

Est-il pour ce rebelle une assez grande peine?

LE ROI DE FRANCE.

Et son cœur inhumain semble exempt de remord!

LA REINE-MÈRE.

Il va tout expier en recevant la mort.
Nos défenseurs sont prêts, et je les vois paraître.

SCÈNE VI.

LE ROI DE FRANCE, LA REINE-MÈRE,
LE CARDINAL DE LORRAINE, LE DUC
DE GUISE, courtisans, gardes, pages.

LA REINE-MÈRE.

Venez, braves guerriers, soutiens de votre maître,
Contre un sang odieux noblement conjurés,
Et chargés désormais des intérêts sacrés.
Que la rebellion, que le crime s'expie !
Le trône est attaqué par une secte impie :
Accusant chaque jour le trop lent avenir,
Vos cris semblaient hâter l'instant de la punir :
Votre juste fureur, trop long-tems retenue,
Peut éclater enfin ; la nuit, l'heure est venue :
Faites votre devoir, et, comblant nos souhaits,
Sachez de votre roi mériter les bienfaits.

LE DUC.

Sitôt que le signal se sera fait entendre,
Vous verrez qu'à ce prix nous pouvons tous prétendre.
Nous partirons, madame, aux accens de l'airain

Qui va sonner pour nous dans le temple prochain,
Ma main, je l'avoûrai, dans une nuit si belle,
Voudrait seule immoler tout le parti rebelle;
Mon cœur même conçoit un déplaisir secret,
Et, plein d'un tel honneur, le partage à regret.
Mes compagnons du moins, sont dignes de me suivre,
De cueillir les lauriers que le destin nous livre;
Et, contre les proscrits dès long-tems animés,
De l'ardeur qui me brûle ils sont tous enflammés.

LE ROI DE FRANCE.

Vous m'aimez, je le crois; vous servez votre maître:
Mais long-tems mon esprit, trop timide peut-être,
Conçut avec frayeur un si hardi dessein;
D'une amertume affreuse il remplissait mon sein:
Jusques dans mon sommeil la redoutable idée
S'offrait… Ne craignez rien, mon ame est décidée.
Puisque le ciel vengeur ordonne leur trépas,
Puisqu'au fond de l'abîme il entraîne leurs pas,
Puisqu'il faut opposer le parjure au parjure,
Puisqu'il s'agit enfin de la commune injure,
Du salut de mon peuple et de ma sûreté,
Je ne balance plus; le sort en est jeté:

La cloche sonne trois fois, lentement.

Versez le sang, frappez. Ciel! qu'entends-je? Ah! madame.

LE DUC.

Reine, c'est à vos soins de raffermir son ame.
Pour nous, le glaive en main, nous jurons à genoux
De venger Dieu, l'état, le roi, l'église, et nous.
Roi, chassez maintenant ces stériles alarmes:
Exhortez-nous, pontife, et bénissez nos armes.

La cloche sonne trois fois, lentement.

Le duc de Gaise et tous les autres courtisans mettent un genou en terre, en croisant leurs épées. Ils restent dans cette position pendant le discours du cardinal de Lorraine.

LE CARDINAL.

De l'immortelle église humble et docile enfant,
Et créé par ses mains prêtre du Dieu vivant,
Je puis interpréter les volontés sacrées.
Si d'un zèle brûlant vos ames pénétrées
Se livrent sans réserve à l'intérêt des cieux;
Si vous portez au meurtre un cœur religieux,
Vous allez consommer un important ouvrage,
Que les siècles futurs envîront à notre âge.
Courez et servez bien le Dieu des nations;
Je répands sur vous tous ses bénédictions:
Sa justice ici bas vous livre vos victimes;
Sachez qu'il rompt au ciel la chaîne de vos crimes;
Oui, si jusqu'à présent vous en avez commis,
Par le Dieu qui m'inspire, ils vous sont tous remis.

L'église, en m'imprimant un signe ineffaçable,
Défendit à mes mains le sang le plus coupable ;
Mais je suivrai vos pas, je serai près de vous ;
Au nom du Dieu vengeur je conduirai vos coups.
Guerriers, que va guider sa sainte providence,
Ministres de rigueur, choisis par sa prudence,
Il est tems de remplir ses décrets éternels ;
Couvrez-vous saintement du sang des criminels :
Si dans ce grand projet quelqu'un de vous expire,
Dieu promet à son front les palmes du martyre.

*Le tocsin sonne depuis ce moment jusqu'au commencement
du cinquième acte.*

LE ROI DE FRANCE.

D'une héroïque ardeur mon cœur se sent brûler.
Acceptez, ô mon Dieu ! le sang prêt à couler.

LA REINE-MÈRE.

Il vous entend, mon fils ; il reçoit votre hommage.
Venez, et de ces lieux présidez au carnage.

LE DUC.

Et vous, suivez-moi tous. Amis, guerriers, soldats,
Au toît de Coligni courons porter nos pas.
C'est l'ennemi du trône, et l'artisan du crime ;
Qu'il soit de cette nuit la première victime :

Que

Que tous les protestans à-la-fois accablés,
Dans les murs, hors des murs, soient en foule immolés.

L E C A R D I N A L.

Périsse et leur croyance, et le nom d'hérétique !
Et que demain la France, heureuse et catholique,
D'un roi chéri du ciel bénisse les destins,
Et l'ordre salutaire accompli par nos mains !

FIN DU QUATRIÈME ACTE.

ACTE V.

SCÈNE PREMIÈRE.

LE ROI DE NAVARRE.

Quel signal effrayant tout-à-coup me réveille ?
De sinistres clameurs ont frappé mon oreille ;
Et de l'airain sur-tout les lugubres accens,
D'une subite horreur ont glacé tous mes sens.
J'entends encor des cris. Ah ! mon ami peut-être
Succombe en ce moment sous le glaive d'un traître ;
De ses persécuteurs l'implacable courroux
Peut-être en ce moment....

SCÈNE II.

LE ROI DE NAVARRE, LE CHANCELIER DE L'HOPITAL.

LE ROI DE NAVARRE.

L'HOPITAL, est-ce vous ?

LE CHANCELIER.

Sire....

LE ROI DE NAVARRE.

Eh bien ?

LE CHANCELIER.

Apprenez....

LE ROI DE NAVARRE.

Que me faut-il apprendre ?
Et d'où viennent les pleurs que je vous vois répandre ?

LE CHANCELIER.

Les protestans....

LE ROI DE NAVARRE.

Parlez.

I ij

LE CHANCELIER.

Ils sont trahis, vendus.

LE ROI DE NAVARRE.

Coligni....

LE CHANCELIER.

C'en est fait; Coligni ne vit plus.

LE ROI DE NAVARRE.

Il ne vit plus! grand Dieu! quel bras inexorable...

LE CHANCELIER.

J'ai vu cent bras percer ce guerrier vénérable :
J'ai vu porter sa tête en ce louvre odieux :
J'ai vu de tous côtés un peuple furieux,
Trop docile instrument des vengeances de Rome,
Frapper, fouler aux pieds les restes d'un grand homme.

LE ROI DE NAVARRE.

O forfait !

LE CHANCELIER.

Dans nos murs le sang coule en ruisseaux.
Tout ce qui vit encore, excepté les bourreaux,
Tout frémit : le ciel même a voilé sa lumière ;
Et Paris maintenant n'est qu'un vaste repaire
Où la mort...

LE ROI DE NAVARRE.

C'est assez. Pressentimens affreux !
Les voilà donc remplis ! Venez…courons…je veux…

LE CHANCELIER.

Arrêtez. Ont-ils donc besoin d'un nouveau crime ?
Vivez, au nom du ciel, vivez, roi magnanime ;
Parmi tant d'assassins ne portez point vos pas,
Et gardez-nous un sang qu'ils n'épargneraient pas.
Non, vous n'avez pas vu cette nuit déplorable :
Tantôt des cris, tantôt un silence exécrable ;
Guise et tous ses amis combattant de forfaits,
En invoquant un Dieu qu'ils n'ont connu jamais ;
Les prêtres, plus cruels, sur les pas de Lorraine,
Échauffant à l'envi cette effroyable scène,
Dans leurs perfides mains tenant le bois sacré,
Soufflant tous leurs poisons sur ce peuple égaré,
Et semblant redouter, au milieu du carnage,
Qu'un seul des protestans puisse éviter leur rage ;
Criant : Frappez ! du roi c'est l'ordre souverain.
Charle, au milieu du louvre, une arquebuse en main,
S'enivrant à longs traits d'un plaisir sanguinaire,
Et cherchant son devoir dans les yeux de sa mère.
C'est ici, près de nous, que le roi des Français,
Sous le plomb destructeur fait tomber ses sujets :

C'est ici, je l'ai vu, que sa main forcenée,
De nos appuis, des siens, tranche la destinée :
Mais quand la cruauté ne connaît plus de frein,
Paisible, gardant seule un front calme et serein,
Près de lui Médicis applaudit à ses crimes,
Exalte son adresse, et compte ses victimes.

LE ROI DE NAVARRE.

Le cri de la pitié, parmi tant de forfaits....

LE CHANCELIER.

La pitié n'entre plus dans le cœur des Français.
On voit de tous côtés, sans armes, sans défense,
Tomber de cet état la gloire ou l'espérance :
Malgré ses cheveux blancs, le vieillard immolé ;
Sous un gros d'assassins le jeune homme accablé,
Qui de son corps mourant protège encore un père ;
L'enfant même égorgé sur le sein de sa mère :
Les uns, percés de coups au moment du réveil ;
Les autres, plus heureux, frappés dans leur sommeil ;
Les époux expirans dans les bras de leurs femmes ;
Auprès de leurs enfans, ceux-ci livrés aux flammes ;
De leurs toits embrasés ceux-là précipités ;
D'autres en se sauvant par le glaive arrêtés ;
D'autres fuyant la mort dans les flots de la Seine,
Et retrouvant la mort sur la rive prochaine :

Les cadavres fumans, les membres dispersés,
Partout dans les chemins, dans le fleuve entassés.

LE ROI DE NAVARRE.

Effroyable attentat ! cour infâme et cruelle !
Quoi ! leurs mains.... Que fais-tu, providence éternelle ?
Quoi ! de tous mes amis ils ont percé le sein !

LE CHANCELIER.

Oui, vos amis ont tous achevé leur destin.
Ce vieillard, qui jadis éleva votre enfance,
A du fer catholique éprouvé la vengeance.
On veut les convertir en les assassinant :
A de nouveaux traités recourons maintenant.
O deuil ! ô souvenir de notre antique gloire !
Oh ! d'une affreuse nuit périsse la mémoire !
Nos fils, et que le ciel trop long-tems en courroux,
Daigne les rendre, hélas ! moins barbares que nous !
Nos fils détesteront des trames infernales,
Liront en pâlissant nos sanglantes annales,
Avec un long effroi contempleront ces lieux,
Et maudiront les jours où vivaient leurs aïeux.
Je fuis ce roi crédule, et ces lâches ministres ;
Je vais chercher la paix loin de ces bords sinistres.
Ces débris malheureux, sans asile, sans roi,
Qu'ils viennent, j'y consens, se ranger près de moi :
J iv

J'aurai toujours pour eux l'intérêt le plus tendre,
Un toît à leur offrir, et mon sang à répandre.
Comme on nous a trompés! Sire, je suis vaincu.
Mais cette cour approche ; adieu, j'ai trop vécu.
Puisse encore, et voilà ma dernière espérance,
Puisse un roi tel que vous, éprouvé dès l'enfance
Mûri dans les travaux et dans l'adversité,
Purifier un jour ce trône ensanglanté !

Il sort.

LE ROI DE NAVARRE.

De la cour d'un tyran la probité s'exile,
Et du crime honoré la vertu fuit l'asile.

S C È N E III.

LE ROI DE FRANCE , LA REINE-MÈRE, LE ROI DE NAVARRE, LE CARDINAL DE LORRAINE, LE DUC DE GUISE, C o u r t i s a n s , G a r d e s , P a g e s avec des flambeaux.

Le roi de France veut sortir en appercevant le roi de Navarre : la Reine-mère lui fait signe de rester.

LE ROI DE NAVARRE.

Mon admiration doit enfin éclater,
Sire, et je vous attends pour vous féliciter.
Vous devenez des rois le plus parfait modèle ;
Nul ne poussa si loin la prudence et le zèle ;
Nul n'exerça jamais ce courage pieux,
Et ne sut massacrer son peuple au nom des cieux.

LA REINE-MÈRE.

Ce discours maintenant peut sembler téméraire ;
Et ce qu'on a fait, prince, il a fallu le faire.
Le roi vous devait-il compte de ses projets ?

LE ROI DE NAVARRE.

Non: mais il est au moins comptable à ses sujets;
Il est comptable au ciel qui venge le parjure.

LE CARDINAL.

Penseriez-vous qu'au ciel on ait fait une injure?
Le culte sacrilège est bientôt aboli,
Et l'honneur des autels à la fin rétabli.
Pour Coligni, ce mot va vous blesser peut-être,
Mais c'est la vérité: Coligni fut un traître.

LE ROI DE NAVARRE.

Lui? Coligni!

LE DUC.

          Lui-même; et son cœur dès long-tems
Méditait....

LE ROI DE NAVARRE.

          Il est mort: n'êtes-vous pas contens?
Vous l'égorgez, cruels! et votre bouche impie
Ose encore attenter à l'éclat de sa vie!
Vous lui rendez justice: un nom si glorieux
A mérité l'honneur de vous être odieux.
Voilà donc les héros, les soutiens de la France!
Quelle exécrable joie! ou quelle indifférence!

Quoi! je fais dans ce louvre éclater mes douleurs,
Sans trouver un Français qui réponde à mes pleurs!

LA REINE-MÈRE.

D'un indigne regret si votre ame est atteinte,
Du moins....

LE ROI DE NAVARRE.

                N'attendez plus de servile contrainte.
Cet art, à nos Français si long-tems étranger,
De flatter sa victime avant de l'égorger,
Que ne le laissiez-vous au fond de l'Italie!
Cruelle! ainsi par vous la France est avilie!
Ainsi vous flétrissez le nom de Médicis!
Vous renversez nos lois, vous perdez votre fils,
Vous perdez tout l'état, reine et mère coupable.
Consommez vos destins, monarque déplorable.
Ah! des devoirs d'un roi qui ne serait jaloux?
Rendre son peuple heureux est un bonheur si doux!
Et vous, de vos sujets destructeur inflexible,
Roi d'un peuple vaillant, bon, généreux, sensible,
Vous vous rendez l'effroi de ce peuple indigné,
Et, sur le trône assis, vous n'avez point régné.
D'un forfait sans exemple infortuné complice,
Vous n'éviterez pas votre juste supplice:
Il commence; et je vois dans vos yeux égarés,

Le désespoir des cœurs en secret déchirés.
Eh bien! vous n'avez fait que la moitié du crime;
Je respire; il vous reste encore une victime;
Prenez-la. Mais bientôt le ciel va vous punir;
A tant d'infortunés le ciel va vous unir;
Votre front est marqué du sceau de sa colère:
Un repentir tardif vous parle et vous éclaire;
Ce sentiment affreux, précipitant vos jours,
Au sein des voluptés en corrompra le cours;
Vous craindrez et la France, et vous-même, et la vie;
A Coligni mourant vous porterez envie;
Le sommeil, ce seul bien qui reste aux malheureux,
N'interrompra jamais vos ennuis douloureux;
Pour de nouveaux tourmens vous veillerez sans cesse;
Et quand la mort viendra frapper votre jeunesse,
Vous chercherez partout des yeux consolateurs;
Et vous verrez, non plus vos indignes flatteurs,
Mais de vos attentats l'épouvantable image,
Mais votre lit de mort entouré de carnage,
Vos sujets massacrés s'élevant contre vous,
Le juge incorruptible enflammé de courroux,
La France, applaudissant au trépas de son maître,
A vos derniers soupirs commençant à renaître,
Et votre nom royal à l'opprobre livré,
Et l'éternel supplice aux méchans préparé.

Le ciel, en me frappant, donne un exemple aux rois.

A. Borel inv.t del.t   J. L. Delignon Sculp.

Vous gémirez alors : vos plaintes inutiles,
Vos remords impuissans, vos souffrances stériles,
Vengeront les Français et le ciel offensé ;
Et vous rendrez le sang que vous avez versé.

SCÈNE IV, et dernière.

LE ROI DE FRANCE, LA REINE-MÈRE, LE CARDINAL DE LORRAINE, LE DUC DE GUISE, Courtisans, Gardes, Pages avec des flambeaux.

LA REINE-MÈRE.

Je ne prévoyais pas un tel excès d'audace.
A la mort échappé, l'imprudent vous menace !
Vous gémir ! vous, mon fils ! C'est à lui de trembler.
La main qui l'a sauvé peut encor l'accabler.

LE ROI DE FRANCE.

Il a dit vrai.

LA REINE-MÈRE.

Comment ?

LE ROI DE FRANCE.

J'ai commis un grand crime.

LE CARDINAL.

Un roi doit se venger du parti qui l'opprime.

LE ROI DE FRANCE.

Je ne suis plus un roi ; je suis un assassin.

LA REINE-MÈRE.

Ah ! tout vous inspirait cet important dessein.
Votre intérêt.

LE CARDINAL.

Le ciel.

LE DUC.

L'éclat de votre empire.

LE ROI DE FRANCE.

A me tromper encor leur perfidie aspire !
Les attentats des rois ne sont pas impunis ;
Cruels, à mes tourmens soyez du moins unis.
C'est vous qui me coûtez des larmes éternelles.
Mes mains, vous le savez, n'étaient point criminelles ;
Sans crainte et sans remord je contemplais les cieux :
Tout est changé pour moi ; le jour m'est odieux.

Où fuir? où me cacher dans l'horreur des ténèbres?
O nuit! couvre-moi bien de tes voiles funèbres.

LA REINE-MÈRE.

Mon cher fils....

LE ROI DE FRANCE.

                En ces lieux qui vous a rassemblés?
Attendez un moment; ne marchez pas; tremblez.
Pour qui ces glaives nus? quels sont vos adversaires?
Vous courez immoler, qui? vos amis! vos frères!
Arrêtez; je défends... Mais que vois-je, inhumains?
Quel meurtre abominable ensanglante vos mains?
Moi-même.... Ah! qu'ai-je fait? Cruel, ingrat, perfide,
Parjure à mes sermens, sacrilège, homicide,
J'ai des plus vils tyrans réuni les forfaits,
Et je suis tout couvert du sang de mes sujets.
Ces lieux en sont baignés: sous ces portiques sombres,
Des malheureux proscrits je vois errer les ombres:
Une invisible main s'appesantit sur moi.
Dieu! quel spectre hideux redouble mon effroi!
C'est lui; j'entends sa voix terrible et menaçante:
Coligni.... Voyez-vous cette tête sanglante?
Loin de moi cette tête et ces flancs entr'ouverts!
Il me suit, il me presse, il m'entraîne aux enfers.
Pardon, Dieu tout-puissant, Dieu qui venge les crimes;

Toi, Coligni ; vous tous, vous trop chères victimes,
Pardon : si vous étiez témoins de mes douleurs,
A votre meurtrier vous donneriez des pleurs.
Des cruels ont instruit ma bouche à l'imposture ;
Leur voix a, dans mon ame, étouffé la nature ;
J'ai trahi la patrie, et l'honneur, et les lois :
Le ciel, en me frappant, donne un exemple aux rois.

F I N.

NOTES

NOTES

SUR

LA TRAGÉDIE DE CHARLES IX.

ACTE PREMIER.

Ce palais retentit des chants de l'hyménée.

LE mariage du jeune roi de Navarre, alors âgé de 19 ans, avec Marguerite de Valois, sœur de Charles IX, fut célébré au Louvre fort peu de tems avant le massacre de la Saint-Barthelemi.

Maurevert a commis un crime méritoire.

Personne n'ignore que l'amiral de Coligni fut blessé d'un coup d'arquebuse, deux ou trois jours avant le massacre : le meurtrier se nommait Maurevel ou Maurevert. Il était attaché aux Guises : et la part qu'ils eurent à cet assassinat, ne peut raisonnablement être mise en doute.

Dans le sang espagnol courons baigner nos mains.

Philippe II, roi d'Espagne, fut lié toute sa vie avec la faction des Guises. Il fut l'ame et le soutien de la Ligue. L'amiral de Coligni, persuadé qu'on devait à ce monarque hypocrite et cruel une grande partie des malheurs de la

K.

France, ne négligea rien pour engager Charles IX à porter la guerre en Espagne et en Flandres. Outre les raisons de vengeance, Coligni donnait des raisons politiques pour déterminer cette entreprise; il croyait qu'une guerre étrangère pourrait seule faire cesser la guerre civile en France.

> Et vous devez savoir, que des plus vils complots
> Ils ont aussi, monsieur, soupçonné des héros.

Le duc François de Guise fut assassiné par Poltrot, au siége d'Orléans, en 1563; la faction des Guises accusa l'amiral d'avoir commandé cet assassinat.

> O cher prince! ô mon fils! cette douleur amère
> Ne pourra du tombeau rappeler votre mère.

Jeanne d'Albret, reine de Navarre et mère de Henri IV, mourut à Paris le 9 de juin 1572. Les Protestans assuraient qu'elle avait été empoisonnée par un parfumeur florentin, nommé René: le poison fut, dit-on, communiqué à des gants de senteur, et le crime était ordonné par Catherine de Médicis. Au reste, ce fait n'est pas prouvé, et les historiens varient beaucoup sur le degré de certitude qu'il mérite.

> Trois fois les dés sanglans ont effrayé ma vue.

Cette anecdote est très-connue. A la place de ce morceau, il y avait, aux premières représentations, un songe du roi de Navarre qui était fort accueilli: quelques critiques disaient pourtant que j'avois rendu le roi de Navarre trop superstitieux, et qu'un roi tel que Henri IV ne pouvait être frappé d'un songe. Si j'ai retranché le songe, ce n'est pas que je me sois rendu à cette critique; la superstition était dans ce tems l'esprit général, et il s'en faut bien que Henri IV en fût exempt. Lisez dans les mémoires de Sulli ses longs pressentimens sur sa mort. L'anecdote des gouttes de sang sur la table et sur les dés est infiniment plus superstitieuse qu'un songe. Mon unique intention, en faisant ce changement, a donc été de substituer une chose neuve, et fondée sur le témoignage des historiens, à un morceau d'invention dont les formes étaient déja fort connues sur la scène française.

> *Le poison terminant les jours de votre frère.*

Le parti catholique fit empoisonner, dit-on, par un valet de chambre, le cardinal de Châtillon, frère de Coligni : ce prélat s'était réfugié à Londres ; il mourut en 1571.

> *Nos succès, nos revers, et les champs odieux*
> *Où Condé, ce grand homme, expira sous nos yeux.*

Le prince de Condé, oncle de Henri IV, fut tué en 1569 à la bataille de Jarnac, par Montesquiou, capitaine des gardes du duc d'Anjou.

> *Que les lieux où jadis s'écoulait mon enfance,*
> *Avec un tel séjour ont peu de ressemblance !*

L'éducation fait les hommes presque autant que la nature. Henri IV, élevé au château de Coarasse en Béarn, parmi des rochers et des montagnes, devint un grand prince, parce qu'il ne fut point gâté à plaisir; il ne connut point dès son enfance la mollesse et la flatterie. S'il eût été accoutumé à vivre *en fils de roi,* il n'eût pas été si digne de régner. Lisez dans Péréfixe des détails sur son éducation agreste et vigoureuse. Les talens d'un instituteur, quelque grands qu'ils soient, ne peuvent lutter avantageusement contre des habitudes corruptrices. Qu'importent les leçons des Fénelons et des Condillacs, s'ils sont obligés de parler à leur élève avec un profond respect? si l'instituteur, homme fait, homme éclairé, doit s'humilier devant le prince dans l'âge de la faiblesse et de l'ignorance? Tant que vous traiterez les enfans des rois comme s'ils étaient au-dessus des hommes, n'espérez pas qu'ils s'élèvent au niveau des hommes : ils vivront et mourront enfans.

A C T E II.

Effaçant tout-à-coup le nom de connétable,

Le connétable de Bourbon persécuté par la duchesse d'Angoulême, mère de François premier, se vit contraint de chercher un asile à la cour de Charles-Quint dont il commanda les armées. La haine qui anima contre lui la duchesse d'Angoulême ne venait, disent quelques historiens, que d'un amour dédaigné. Le connétable de Bourbon quitta la France en 1523; il gagna, l'année suivante, contre l'amiral de Bonnivet, la bataille de Rébec où Bayard fut tué; et en 1527, la célèbre bataille de Pavie, où l'amiral de Bonnivet fut tué, et François Ier fait prisonnier. Il mourut, en 1527, au siège de Rome.

Deux fois le duc d'Anjou, confondant leurs desseins,
Dans un sang criminel a pu tremper ses mains.

Le duc d'Anjou, depuis Henri III, avait gagné deux

batailles contre le parti calviniste ; celle de Jarnac et
celle de Moncontour.

> Vous n'aimez que mon frère ; et je passe mes jours
> A l'entendre louer, à l'admirer toujours.

Des quatre fils de Catherine de Médicis, Henri III
fut celui qu'elle aima le plus ; Charles IX était jaloux
de cette préférence, et de la gloire qu'il avait acquise
avant de régner.

> Hélas ! ce prince aveugle, à lui-même contraire,
> Repoussait les conseils et le cœur de sa mère.

François II, dans l'espace très-court de son règne,
fut gouverné uniquement par le duc de Guise, et son
frère le cardinal de Lorraine.

> Nièce en grand Léon, fille des Médicis,

c'est-à-dire, petite-nièce de Léon X, fille de Laurent
de Médicis, duc d'Urbin, neveu de ce pontife célèbre.

> Avec Montmorenci je vis enfin s'éteindre
> Le nom des Triumvirs qui a été le plus à craindre.

Le triumvirat était formé du duc de Guise, du connétable de Montmorenci et du maréchal de Saint-André.
Ce dernier mourut en 1562, à la bataille de Dreux ;
le duc de Guise fut assassiné l'année suivante au siége
d'Orléans ; le connétable de Montmorenci fut tué, en
1567, à la bataille de saint-Denis : il ne savait ni lire
ni écrire. La mort de ces trois hommes renforça beaucoup le parti protestant, déjà très-fort depuis le massacre
de Vassi, premier signal des guerres civiles. Les grandes

injustices révoltent. Ceux qu'on voulait opprimer deviennent plus grands. Après le massacre de Vassi, les calvinistes furent en état de livrer des batailles. La St. Barthelemi produisit la Ligue. Les protestans ne furent point détruits ; et ceux même qui avaient conseillé le crime, pour relever, disaient-ils, l'autorité royale prête à tomber en France, profitèrent de l'horreur universelle pour anéantir cette autorité. L'assassinat du duc de Guise, aux états de Blois, fit égorger Henri III et son illustre successeur.

> Carlos, avant le tems au tombeau descendu,
> Jette un cri douloureux qui n'est pas entendu :
> Le sang de votre sœur demande aussi vengeance.

Isabelle de Valois, sœur de Charles IX, épousa Philippe II, roi d'Espagne. Elle avait été promise à dom Carlos, et périt empoisonnée, dit-on, pour s'être montrée trop sensible à l'amour de ce jeune prince. Ils moururent tous les deux en 1568.

> Pensez-vous qu'il oublie, en faveur de la France,
> Et leurs communs aïeux, et leur double alliance ?

L'empereur Maximilien II, et le roi d'Espagne Philippe II, étaient cousins germains. Maximilien avait épousé Marie d'Autriche, sœur de Philippe ; et Philippe, Marguerite d'Autriche, sœur de Maximilien.

> Au tems où Charles-Quint, lassé de sa grandeur,
> Nommant son fils monarque, et son frère empereur.

En 1555, Charles-Quint abdiqua la couronne d'Espagne en faveur de Philippe II son fils, et, trois ans après,

la couronne impériale en faveur de son frère Ferdinand I,
père de Maximilien II. Cette division de l'héritage de
Charles-Quint changea l'équilibre de l'Europe. C'est par
cet événement que la France parvint, un demi-siècle
après, à prendre son rang de puissance dominante.

> Ah ! si Rome oubliait qu'un roi.... de votre nom,
> Réduisit Alexandre à demander pardon.

Il est ici question de Charles VIII et d'Alexandre VI.
L'entrée triomphante de Charles VIII dans la ville de
Rome, est de 1495. Après avoir conquis presque toute
l'Italie, il revint en France, épuisé d'hommes et d'argent. L'exemple de ce prince ne désabusa point Louis XII
et François I, ses successeurs, de cette chimérique con-
quête de l'Italie. Leurs succès ruinèrent la France, malgré
l'économie de Louis XII, et la vénalité des charges établie
sous François I. Les finances de France, écrasées de jour
en jour depuis la mort de Louis XI, ne se relevèrent
que sous le ministère de Sulli.

> Il s'élève pour nous aux champs de l'Amérique,
> De nouveaux intérêts, une autre politique.

L'amiral de Coligni fut le premier qui envoya une
colonie française dans le nord de l'Amérique. La découverte de ce continent, et la découverte bien plus importante de l'imprimerie, ont changé la face de l'univers.
La communication des idées est devenue si rapide, qu'on
peut prédire avec assurance que la tyrannie et la superstition seront exilées du monde dans quelques siècles, et
de l'Europe entière avant cent années. Cette pensée

m'a toujours dominé : c'est en songeant à ce commerce
de pensées si continuel et si rapide, que je me suis écrié,
dans un dithyrambe sur l'Assemblée nationale :

Le Russe et l'Ottoman, l'Afrique plus grossière,
Presque tous les humains sous le joug abrutis,
    Au sein d'une antique poussière
    Baissent leurs fronts anéantis.
Tout semble fléchir... le joug la tyrannie.
Sans appel, sans états, de l'univers la reine,
Ne verra plus le sang cimenter ses autels.
    Et, des vertus mère féconde,
    La liberté, reine du monde,
Va, sous d'égales lois, rassembler les mortels.

Où donc est ce pouvoir grossi par tant de crimes?
Où donc est, m'ont-ils, ce monstre audacieux?
    Ses pieds touchaient aux noirs abîmes;
    Son front se perdait dans les cieux.
Il osait commander : les peuples en silence,
De ses décrets impurs adoraient l'insolence;
Le monde était aux fers : le monde est délié...
    Et l'auteur de son esclavage,
    Vomi par l'infernal rivage,
Dans le fond des enfers est à jamais rentré

ACTE III.

> Et que votre naissance
> Semblait d'un si haut rang vous ôter l'espérance.

Le père du chancelier de l'Hopital était médecin du connétable de Bourbon, et petit-fils d'un juif d'Avignon, si l'on en croit Varillas.

> Ah ! Suger, Olivier, de qui les noms vantés
> Seront de siècle en siècle à jamais répétés.

Suger fut ministre ou sénéchal sous Louis VII ; Olivier fut chancelier de France, sous Henri II. La vertu du chancelier Olivier est vantée souvent dans les épitres du chancelier de l'Hopital qui lui succéda immédiatement.

> La paix a de nos maux trois fois rompu le cours,
> Et toujours étouffés ils renaissent toujours.

La première paix entre les protestans et les catholiques fut conclue en 1563, très-peu de tems après l'assassinat du duc François de Guise ; la seconde fut conclue en 1568 : elle est connue sous le nom de paix de Longjumeau. La troisième fut conclue en 1570 à Saint-Germain ; cette troisième paix ne fut proposée, de la part de Catherine de Médicis, que pour attirer à Paris les chefs du parti protestant.

> Comment déterminer les bornes des pensées ?

Des philosophes ont demandé long-tems la tolérance religieuse ; mais ce mot de tolérance est très-déplacé, quand il s'agit d'opinions métaphysiques. Dans un pays libre, on doit avoir la liberté la plus illimitée de manifester ses opinions, sauf à être puni, d'après la loi, si les opinions manifestées ont pu nuire à la société : mais, en fait d'opinion, la calomnie seule est nuisible, la calomnie seule est punissable ; tout le reste doit être indifférent.

La liberté religieuse n'est encore établie sur la terre que dans quelques provinces de l'Amérique septentrionale; et ces provinces sont encore le seul pays, jusqu'à ce jour, où les hommes aient joui d'une véritable liberté.

> Dix ans déja passés, un édit important
> Permit dans mes états le culte protestant.

Cet édit est de 1562.

> Ils doivent leurs états à l'un de vos ancêtres.

Pépin, fils de Charles Martel, étant devenu roi des Français, donna l'exarcat de Ravenne au pape Etienne III, pour en jouir à perpétuité, lui et ses successeurs. Son fils Charlemagne confirma cette donation sous le pontificat d'Adrien I; les papes étaient alors vassaux des rois de France. Telle est l'origine de ces longues guerres de l'empire et du sacerdoce, qui ont désolé si long-tems l'Italie et l'Allemagne. De là vinrent tous les malheurs de la célèbre maison de Souabe, qui descendait de Charlemagne.

> Jean-sans-terre quittant, reprenant la couronne.

Jean-sans-terre, roi des Anglais, fut excommunié par le pape Innocent III. Ce pontife accorda l'investiture du royaume d'Angleterre au dauphin Louis, fils de Philippe Auguste ; mais le faible Jean-sans-terre ayant mis son empire sous la protection du pape, et s'étant déclaré vassal du saint-siége , le pontife *équitable* retira

son excommunication. Le roi de France fut excommunié
à son tour, aussi bien que son fils qui, malgré les dé-
fenses de la cour de Rome, avait passé la mer pour se
mettre en possession du royaume d'Angleterre. L'infortuné Jean mourut bientôt, consumé de chagrins; son fils
Henri III lui succéda. Le dauphin repassa en France,
après avoir été roi des Anglais durant une année : à son
retour, il fut contraint de se soumettre à la pénitence
qui lui fut imposée par le souverain pontife ; ses cha-
pelains allèrent à Rome demander pardon pour lui, et
ce pardon lui fut accordé, à condition qu'il donnerait,
deux ans de suite, au saint-siége, la dîme de ses revenus.

Sept empereurs chassés de l'église et du trône.

Les sept empereurs, dont il s'agit, sont Henri **IV**,
Henri **V**, Frédéric I surnommé *barbe-rousse*, Philippe
le régent, Othon **IV**, Frédéric **II**, Conrad **IV**. Les
lecteurs seront bien aises peut-être de jeter un coup-d'œil
rapide sur cette foule d'attentats des souverains pontifes.

L'empereur Henri IV est excommunié par Grégoire VII,
par Victor III, par Urbain II, principal auteur des
croisades, et par Pascal II. Soutenu et conseillé par la
cour de Rome, le fils de ce grand et malheureux empereur se fait élire à la place de son père vivant ; Henri IV
demande grace à ce fils coupable, et meurt à Liége en
appelant sur lui les vengeances du ciel. Henri V fit dé-
terrer le corps de son père qui était mort rebelle au saint-
siége, et chargé des excommunications des quatre souverains pontifes.

Henri V, une fois affermi sur le trone impérial, change de dispositions envers la cour de Rome. Il est excommunié par Pascal II, par Gélase II, et par Caliste II.

Le duc de Saxe, Lothaire, élu empereur après la mort d'Henri V, conserve la paix avec la cour de Rome, à force de complaisance, ou plutôt de bassesse. Il fut, dit-on, le premier empereur qui baisa les pieds du pape. Le vatican érigea dès lors en usage inviolable, cette humiliante cérémonie. Pour s'y soustraire, Conrad III son successeur n'alla point se faire couronner en Italie.

Frédéric I, successeur et neveu de Conrad III, et si célèbre sous le nom de Frédéric barbe-rousse, baise les pieds d'Adrien IV, et conduit sa mule dans Rome; il est excommunié par Alexandre III; il crée deux anti-papes, et après vingt ans de victoire, il finit par faire la paix avec ce même Alexandre III: cette paix fut conclue à Venise; Frédéric baisa les pieds de son ennemi, et conduisit sa mule dans la place saint-Marc.

Henri VI étant devenu empereur, après la mort de Frédéric I, son père, ménage constamment les souverains pontifes pour opprimer le reste de l'Italie sans obstacle. Il fut injuste, avide et cruel, mais il ne fut point excommunié.

Philippe I est excommunié par Innocent III, pour s'être dit empereur sans la permission du pape: Innocent III lui propose de lever l'excommunication, s'il veut donner sa sœur en mariage au neveu du souverain pontife;

Innocent III demande aussi, pour la dot de cette princesse, plusieurs provinces de l'Italie : la proposition n'est pas acceptée.

Le même Innocent III excommunie Othon IV qu'il avait long-temps soutenu sous le règne de Philippe I.

Grégoire IX, frère d'Innocent III, excommunie Frédéric II, successeur d'Othon IV et petit-fils de Barberousse, qu'il égaloit par le courage et par l'ambition. Durant toute sa vie, Frédéric II ne cessa de combattre et de négocier, pour établir en Italie le siége de l'Empire : aussi nul empereur ne fut plus odieux au Vatican. Célestin IV et Innocent IV l'excommunièrent, comme avait fait Grégoire IX. La cour de Rome attribua le livre *de tribus impostoribus*, à son chancelier Des-ignes.

Conrad IV hérita de l'excommunication lancée contre son père, de la haine du saint siége et des malheurs qui poursuivirent sa maison, depuis plus de deux siècles. Les factions guelfes et gibelines déchirèrent l'Italie pendant son règne, comme durant les règnes de ses prédécesseurs. Il mourut empoisonné, dit-on, par Mainfroi, bâtard de Frédéric II, et chef d'un parti considérable qui lui donna le trône de Naples et de Sicile.

Voyez Charles d'Anjou, le fils des rois de France.

Ce fougueux pape, Innocent IV, après avoir déposé Frédéric II dans le concile de Lyon, après avoir prêché une croisade contre Conrad IV, et une autre contre Mainfroi, proposa le royaume de Naples au comte d'Anjou, frère de Louis IX, roi de France. Trois successeurs d'Innocent IV firent les mêmes offres au comte d'Anjou qui résolut enfin de les accepter. Il se rendit maître de Naples et de la Sicile ; le jeune Conradin fut défait en bataille rangée ; Charles d'Anjou eut la barbarie de lui faire trancher la tête, ainsi qu'à son cousin le duc d'Autriche ; il eut la barbarie plus grande de revêtir cet assassinat des formes de la justice ; ces deux jeunes princes furent condamnés par un jugement juridique ; ce jugement fut exécuté en 1268. Quinze ans après, les vêpres siciliennes vengèrent la mort de ces innocentes victimes.

> C'est ainsi qu'au milieu des bûchers de Constance,
> Le schisme d'un moment puisa quelque importance.

Le concile de Constance fut convoqué en 1414 par le pape Jean XXIII : on y condamna les opinions de Wiclef et de Jean Hus ; l'année suivante, le concile fut terminé par le supplice de Jean Hus et de son disciple Jérôme de Prague. Jean Hus avait un sauf-conduit de l'empereur Sigismond. Ces deux hérésiarques furent brûlés avec beaucoup de cérémonie, en présence du pape, de l'empereur et des pères du concile, pour l'édification des fidèles. Ces meurtres occasionnèrent en Allemagne une guerre longue et cruelle, vulgairement appelée *guerre des Hussites*. Martin Luther, dans le même siècle, renouvela, avec un succès prodigieux, les opinions de Wiclef et de Jean Hus.

> Citoyen de la France, et sujet sous cinq rois,
> Sous votre frère et vous ministre de ses lois.

Il était né en 1505 ; par conséquent il avait vu Louis

XII, François I, Henri II, François II et Charles IX.
Le cardinal de Lorraine, qui fut long-tems son protecteur,
le fit nommer chancelier sous François II.

ACTE IV.

La France, dont jadis il mérita l'estime,
L'accuse de pencher en secret pour Calvin.

Le chancelier de l'Hopital défendit la cause des protestans au colloque de Poissi, en 1561; et l'année suivante,
à l'assemblée de Saint-Germain. Le discours qu'il pro-
nonça au colloque de Poissi, fut censuré par la Sorbonne.
Cette chaleur qu'il mit à défendre un tiers des Français, fut
attribuée par la multitude à son penchant pour les opinions
nouvelles : de là, le proverbe populaire, *gardons - nous
de la messe du Chancelier.*

J'ai fait semer partout que le chef des rebelles,
Pour d'utiles forfaits renonçant aux combats,
De Charle et de moi-même a juré le trépas.

Simon le Mai, accompagné de plusieurs assassins,
voulut attenter, en 1566, à la vie de Charles IX, de
Catherine de Médicis et du duc d'Anjou ; les meurtriers
tentèrent ces assassinats sous l'hôtel-de-ville, un soir que
la famille royale, après souper, retournait du Louvre à
Saint-Maur, maison de plaisance de Charles IX. La faction des Guises prétendit que l'amiral de Coligni était le
premier auteur de ce crime, comme elle avait assuré, en
1563, qu'il avait déterminé Poltrot à tuer le duc François de Guise.

Le roi l'avait promis.

Trois heures après l'exécution du crime de Maurevert, Charles IX alla voir l'amiral de Coligni, et lui promit de rechercher et de faire punir les auteurs du complot : c'était le 22 août 1572 ; il le fit égorger deux jours après.

> Toujours les protestans ont été vos victimes :
> C'est vous qui réclamiez, pour soumettre les cœurs,
> Le secours des bourreaux et des inquisiteurs :
> C'est vous qui menaciez du plus honteux supplice,
> De [illegible] qui demandaient justice ;
> Vous, enrichis [illegible] plans et du sang des Français,
> Comblé tout à-l'entour de [illegible] et de Lorrains.

Le cardinal de Lorraine avait neuf évêchés ou archevêchés, et autant d'abbayes : au concile de Trente, il s'opposa fortement à l'établissement du divorce en France ; mais, en récompense, il proposa pour ce royaume l'établissement de l'inquisition. Dès ce moment, il avait conçu le dessein de perdre l'amiral, et tous les chefs des protestans. Écoutons Pasquier, cité par Bayle, article du cardinal de Lorraine. *Parce que les ministres, dit-il, gagnaient auparavant le peuple par prêches et exhortations ; aussi, M. le cardinal de Lorraine a voulu faire le semblable entre nous. Il a premièrement prêché en l'église Nôtre-Dame, oui d'une incréable affluence d'auditeurs : et depuis, en l'église Saint Germain-l'Auxerrois, toutes les féries et octaves de la Fête-Dieu, par entre-suites de journées, lui prêchant un jour, et le lendemain le même dont je vous ai ci-dessus écrit ; admonestant, sur toute chose, le peuple, qu'il fallait plutôt mourir et se laisser épuiser jusqu'à la dernière goutte de sang, que de permettre, contre l'honneur de Dieu et de son église,*

qu'autre

qu'autre religion eût cours en France, que celle que nos ancêtres auraient si étroitement et si religieusement observée. Ce m'a été chose aussi nouvelle de voir prêcher un cardinal, comme peu auparavant un ministre : il a excité grandement le peuple aux armes. Bayle termine cet article par une invective éloquente contre le cardinal de Lorraine, dont les mœurs étaient aussi peu évangéliques que le caractère. Cette énergique sortie trouvera sa place ici ; et peut-être l'autorité de Bayle en imposera à quelques gens qui, ne connaissant pas mieux l'histoire que la poésie dramatique, m'ont reproché d'avoir représenté ce cardinal bénissant à Paris le glaive des assassins. Il était à Rome, sans doute ; mais, de Rome, il dirigeait les meurtres qu'il avait conseillés ; mais il donna mille écus d'or au courrier qui lui apporta la nouvelle du massacre. « C'était un grand cardinal, qui ne s'exposait à
« rien, en allumant par tous les coins du royaume la
« guerre civile : il était assuré de suivre toujours la cour,
« à l'abri de tout danger et de toute peine, et que,
« pendant que les provinces seraient un théâtre de car-
« nage, il continuerait à *se vautrer* dans les voluptés ;
« que son luxe, sa pompe, sa bonne chère, ses amou-
« rettes ne souffriraient point d'interruption. C'est-là un
« sujet de scandale, qui doit augmenter prodigieusement
« l'horreur que fait aux ames véritablement chrétiennes,
« un prédicateur boute-feu, cornet de guerre, et de
« supplices, et de tueries, homme qui, à proprement
« parler, n'est point de la religion de J. C. mais de celle
« de Saturne, et qui, dans le fond, pratique ce que les

L

« prêtres de Carthage pratiquaient anciennement en l'hon-
« neur de ce faux dieu ; ils lui immolaient des hommes,
« et s'imaginaient que sa religion demandait de telles
« victimes ».

*Voyez ci-après, la Lettre aux auteurs de la Chro-
nique de Paris, sur un article du Mercure.*

ACTE V.

Pardon, Dieu tout-puissant, Dieu qui venge les crimes.

Quelques historiens ont révoqué en doute les remords
de Charles IX ; mais je crois que, d'après son caractère,
il est impossible qu'il n'en ait pas éprouvé. Mahomet,
Henri VIII, Cromwel, sont des scélérats sans remords :
mais l'irrésolution avant le crime annonce nécessairement
le repentir après l'exécution du crime.

FIN DES NOTES.

DISCOURS

PRONONCÉ

Devant MM. les Représentans de
la Commune,

LE VINGT-TROIS AOUST 1789.

MESSIEURS,

JE suis l'auteur de la tragédie de Charles IX,
que le public a bien voulu demander. Je viens
vous l'apporter. Je ne me dessaisirai point de

mon manuscrit ; mais je suis prêt à lire la pièce devant les personnes qu'il vous plaira de nommer pour en prendre connaissance ; ou bien, si vous l'aimez mieux, l'un de vous, Messieurs, la lira devant les arbitres, pourvu que je sois présent à la lecture.

Quelques membres du public ont desiré que cette tragédie, avant d'être représentée, fût soumise à votre examen. La confiance que vous avez méritée peut justifier, jusqu'à un certain point, cette censure provisoire, et vos avis sont faits pour m'éclairer. Mais je parle devant des citoyens aussi instruits que vertueux : je dois leur parler en citoyen. Le peuple français veut être libre, et vous avouerez qu'il en est digne. Tout homme libre doit pouvoir publier sa pensée de quelque manière que ce soit, comme il doit subir la peine prononcée par la loi, s'il est condamné par la loi. Les citoyens ne doivent être soumis qu'aux lois, et l'opinion d'un seul homme ou de plusieurs hommes n'est point une loi. Il n'est pas question de changer de censeurs ; il est question d'abolir la censure. Toute espèce de censure est une atteinte au droit des hommes : et qu'importe le nom, quand la chose est exactement la même ?

Vainement voudrait-on établir une différence entre la presse et le théâtre. Une pièce de théâtre est un moyen de publier sa pensée. Tout homme libre, je le répète, doit pouvoir publier sa pensée, dès qu'il se rend responsable. Quand un principe est évident, tous les résultats nécessaires ne peuvent être contestés. Or, ce n'est point parmi des hommes aussi éclairés que vous, qu'un pareil principe trouvera des contradicteurs.

Si, du principe général, nous descendons au cas particulier dont il s'agit en ce moment, je vous dirai, Messieurs, que ne connaissant point la tragédie de Charles IX, vous pourriez vous en former une idée fausse. On vous aura dit, peut-être, que cette tragédie serait très-dangereuse dans les circonstances actuelles. S'il est dangereux de faire détester le fanatisme et la tyrannie ; s'il est dangereux de faire aimer la vertu, les lois, la liberté, la tolérance, permettez-moi de me vanter ici qu'il est peu d'ouvrages aussi dangereux que Charles IX.

L iij

En peignant la rage des guerres civiles, cette pièce n'en peut inspirer que l'horreur. En peignant un roi perfide, sanguinaire et bourreau de son peuple, elle doit faire aimer, plus que jamais, le gouvernement d'un monarque dont la franchise et la bonté sont connues; d'un monarque, second père du peuple, et restaurateur de la liberté française; d'un monarque, digne héritier de ce Henri IV, dont j'ai voulu présenter la jeunesse à l'amour d'une nation généreuse, et devenue libre.

Quant aux allusions, car il faut trancher le mot; quant aux allusions prétendues que pourrait offrir l'ouvrage, après celle de Henri IV, je n'en connais qu'une seule possible, et je la crois inévitable. En écoutant le chancelier de l'Hôpital, le public croira, sans doute, écouter ce grand ministre, né, comme lui, dans le corps du peuple, qu'on avait osé nommer le tiers-état; rappelé, comme lui, au ministère dans les circonstances les plus difficiles; comme lui, écrivain philosophe; comme lui, réunissant les vertus d'un sage, et les talens d'un homme d'état.

Ces allusions, je ne les ai point cherchées ; le tems les a rendues naturelles. J'ai composé mon ouvrage quand elles n'existaient pas encore, quand la France regrettait cet excellent administrateur, quand la révolution qui s'opère ne pouvait pas même être devinée. Ceux qui me connaissent, ne me soupçonneront pas de flatterie. Je ne demande, je n'attends, je ne veux rien qu'une seule chose, l'exercice légitime de mes droits d'homme et de citoyen. Dans ces droits est compris celui de publier ma pensée, sans être assujetti à aucune censure, et celui de n'être soumis qu'aux lois établies par les Représentans de la Nation.

Peut-être, Messieurs, dans un moment où aucun pouvoir n'est fixé d'une manière irrévocable ; peut-être le nouveau tribunal, qu'une partie du public m'a indiqué, doit paraître nécessaire à la tranquillité de cette capitale. Mais je dois vous dire, Messieurs, qu'après l'établissment des lois ce serait une injustice inutile, et que toute espèce de censure est une vexation. Je publierai mon discours, pour faire savoir comment je me soumets à l'examen qu'on a desiré. La lecture de la tragédie de Charles IX vous prouvera ce que j'ai avancé ; et, comme il n'est pas ici question de talens, je suis convaincu que vous y trouverez les intentions d'un bon citoyen, seul titre dont je sois jaloux. Si, par un malheur que j'aime à croire impossible, vous jugiez la représentation d'une telle pièce dangereuse en ce moment, j'ose vous prier, Messieurs, de vouloir bien publier vos motifs, afin que je puisse y répondre publiquement. Je vous respecte beaucoup, Messieurs ; mais je respecte encore plus la justice et la vérité. Votre estime me sera bien chère ; mais celle du public, que vous représentez, m'est encore plus précieuse.

ADRESSE

AUX SOIXANTE DISTRICTS DE PARIS.

MESSIEURS,

Si je n'y étais forcé, je ne me permettrais pas de vous demander un moment de l'attention que vous consacrez à la chose publique. Mais j'apprends que dans quelques districts, plusieurs personnes ont parlé de la tragédie de Charles IX, comme d'un ouvrage dangereux. Un ouvrage ne peut être dangereux que de trois manières : s'il est calomnieux, s'il est contraire aux mœurs, s'il est contraire à la morale. Mon ouvrage est-il dans un des cas énoncés ? il est pernicieux, sans doute. N'y est-il pas? toute personne qui l'accuse, se rend coupable de calomnie.

Il y a quinze mois, Messieurs, que la tragédie de Charles IX a été reçue à la comédie française. Il y a deux mois que le public l'a demandée; il a desiré que messieurs les Représentans de la Commune en prissent connaissance. Messieurs les Représentans de la Commune ont nommé des commissaires pour l'examiner, et les commissaires ont jugé que la pièce ne pouvait être défendue. Elle était calomniée dès-lors par les ennemis du peuple; par ceux qui voudraient maintenir en France les préjugés, le fanatisme et la tyrannie; par ceux qui jadis avaient diffamé Tartuffe et Mahomet. Je ne veux établir sans doute aucune comparaison de mérite entre Charles IX et ces deux pièces admirables; il n'est ici question que de moralité.

Quelques gens ont osé dire que j'avais retracé le crime de la nation. Ce n'est plus me calomnier, c'est calomnier la nation entière. Le crime que j'ai retracé dans ma pièce, et que M. de Voltaire avait peint avant moi dans le second chant de la Henriade, est le crime de Charles IX, de Catherine de Médicis, des Guises; mais nullement celui de la nation. Dans aucune pièce de théâtre, j'ose le dire, la nation française n'est aussi vantée que dans Cha. le IX ; dans aucune, la cause du peuple et des lois n'est plus fortement défendue. Aucune ne fait haïr davantage la tyrannie, le fanatisme, le meurtre, les guerres civiles ; aucune ne fait aimer davantage la vertu, la liberté, la tolérance. S'il s'agissait d'une farce indécente et obscène, ou d'une pièce infectée d'adulation et de servitude, peut-être n'y aurait-il point de réclamations ; mais c'est l'ouvrage d'un homme libre. Il n'est fait ni pour des esclaves, ni pour des courtisannes ; il est fait pour une nation qui a conquis sa liberté, pour une nation gouvernée par un roi juste, confiant, généreux, digne d'elle, et qu'elle chérira toujours, par la même raison qu'elle détestera toujours la mémoire des Louis XI et des Charles IX.

Voulez-vous bien, Messieurs, prendre acte de l'adresse que j'ai l'honneur de vous envoyer? Si l'ouvrage, une fois connu, se trouve calomnieux, ou contraire aux mœurs, ou contraire à la morale, je me dévoue au mépris des gens de bien, comme j'aurai droit à leur estime si tout ce que j'affirme est la vérité. Si quelques personnes jugeaient à propos de vous dénoncer l'ouvrage, soit avant, soit après sa représentation, je vous supplie, Messieurs, de les engager à publier leurs noms, afin que je puisse repousser ouvertement leurs attaques, et les poursuivre, s'il en est besoin, comme calomniateurs. Vous approuverez la sensibilité d'un citoyen dont le patriotisme ne devrait pas être attaqué. Mon dévouement aux bons principes est connu de tous ceux qui ont entendu prononcer mon nom. Je supplie ceux dont je suis ignoré, de ne pas se laisser entraîner par les clabauderies des citoyens mal intentionnés. En composant un ouvrage de la nature de celui dont il s'agit, j'ai dû m'attendre à des cabales très-violentes; mais aussi j'ai dû m'attendre à trouver un appui dans tous les hommes qui ont une ame énergique et libre, c'est-à-dire, dans tous les vrais Français.

DE LA LIBERTÉ DU THÉÂTRE EN FRANCE.

Ceux qui pensent et qui savent exprimer leurs pensées, sont les plus redoutables ennemis de la tyrannie et du fanatisme, ces deux grands fléaux du monde. L'imprimerie doit détruire, à la longue, la foule innombrable des préjugés. Grace à cette découverte, la plus importante de toutes, on ne verra plus l'esprit humain rétrograder, et des siècles de barbarie succéder aux siècles de lumières. En vain ceux qui sont intéressés à tromper les peuples, voudraient maintenant ralentir la communication des idées. La persécution contre les livres ne fait qu'irriter le génie: elle ne saurait empêcher, ni même retarder les révolutions qui s'opéreront, de siècle en siècle, dans l'esprit général; et les persécuteurs ne réussiront qu'à se rendre odieux, en troublant, il est vrai, le repos des écrivains illustres, mais en augmentant leur célébrité.

II. Cependant, lorsqu'un gouvernement s'efforce, quoique infructueusement, de gêner, de quelque manière que ce soit, le commerce des pensées, on peut en conclure, sans hésiter, que la nation soumise à ce gouvernement ne connaît aucune liberté. Lorsque cette nation, lasse d'être avilie, veut ressaisir des droits imprescriptibles, elle doit commencer par secouer ces entraves ridicules qu'on donne à l'esprit des citoyens. Alors il devient permis de publier ses pensées, sous toutes les formes possibles. Il ne faut pas s'imaginer qu'on pense librement chez une nation où le théâtre est encore soumis à des lois arbitraires, tandis que la presse est libre ; et ce n'est pas à la fin du dix-huitième siècle, que des Français peuvent contester l'extrême importance du théâtre.

III. Les mœurs d'une nation forment d'abord l'esprit de ses ouvrages dramatiques ; bientôt ses ouvrages dramatiques forment son esprit. L'influence du théâtre sur les mœurs n'a pas besoin d'être prouvée, puisqu'elle est indispensable. L'amour-propre, mobile de toutes les actions humaines, principe des bonnes et mauvaises qualités chez tous les hommes, les rend peu disposés à profiter de l'instruction directe. Mais dans une belle pièce de théâtre, le plaisir amène le spectateur à l'instruction sans qu'il s'en aperçoive, ou qu'il y puisse résister. L'homme est essentiellement sensible. Le poëte dramatique, en peignant les passions, dirige celles du spectateur. Un sourire qui nous échappe en écoutant une pièce comique, ou, dans l'éloquente tragédie, des pleurs que nous sentons couler de nos yeux, suffisent pour nous faire sentir une vérité, que l'auteur d'un traité de morale nous aurait longuement démontrée. Ajoutez que notre sensibilité, et même nos lumières, sont infiniment augmentées par celles de nos semblables qui nous environnent. Un livre dispersé dans les cabinets parvient à faire lentement une multitude d'impressions différentes, mais isolées, mais presque toujours exemptes d'enthousiasme. La sensation que fait éprouver à deux mille personnes rassemblées au théâtre français, la représentation d'un excellent ouvrage dramatique, est rapide, ardente, unanime. Elle se renouvelle vingt fois par an, dans toutes les villes de France, dans toutes les capitales de l'Europe;

et quand l'ouvrage est imprimé, il unit à ce grand
effet qui lui est particulier, le seul effet que
peut produire un bon ouvrage d'un autre genre.

IV. Un gouvernement équitable encourage-
rait tout ce qui peut corriger les mœurs publiques. Un gouvernement éclairé concevrait
que, plus les hommes seront instruits, plus ils
tendront à l'égalité politique, seule base solide
d'une constitution. Un gouvernement ami des
hommes, voudrait le bonheur de chaque citoyen,
et l'éclat de la société entière. Mais le bonheur
de chaque citoyen dépend de l'égalité politique
de tous les citoyens ; et plus chaque citoyen est
heureux dans son intérieur, plus la société entière est puissante et respectable au-dehors. Tout
dépend donc, pour une nation, de la masse de
ses lumières. Le gouvernement est donc coupable envers une nation, quand il gêne la publication de la pensée en tout ce qui ne nuit
point au droit des citoyens. Or, comme ce droit
des citoyens est essentiellement égal pour tous,
il est très-évident que les différentes manières de
publier sa pensée, doivent être également libres.
Il doit donc être permis de représenter ce qu'il

est

est permis d'imprimer. Il ne peut être nuisible de faire réciter ce qu'il est utile d'écrire.

V. Sous la régence d'Anne d'Autriche, et dans la jeunesse du roi Louis XIV, la nation française commençait à s'instruire en écoutant, à son théâtre, les scènes admirables de Pierre Corneille, et les excellentes comédies de Molière. Ces deux poètes lui apprenaient à penser, tandis que ses plus éloquens prosateurs bornaient encore tout leur génie à défendre Jansénius, ou à flatter en chaire les princes morts et les princes vivans. Mais quand on s'apperçut de cette route nouvelle que la raison se frayait en France, on résolut de la lui fermer. Plus nos poètes dramatiques avaient illustré la nation chez l'étranger, plus on sut les avilir ; et plus leur art parut propre à former des hommes libres, plus on crut devoir rendre esclaves tous ceux qui le cultivaient. Ce n'est donc point assez d'avoir composé en France une pièce de théâtre ; ce n'est point assez d'avoir à essuyer les intrigues, les cabales, les dégoûts sans nombre inséparables de la carrière dramatique ; ce n'est point assez d'avoir à supporter les tracasseries les plus étranges, les rivalités les plus humiliantes : pour faire représenter une pièce, il faut monter d'échelon en échelon ; de M. le censeur royal, à M. le lieutenant général de police ; quelquefois à M. le ministre de Paris ; quelquefois à M. le magistrat de la librairie ; quelquefois à M. le garde-des-sceaux : voilà pour la ville. Veut-on faire représenter sa pièce à la cour ? c'est une autre échelle à monter. Il faut s'adresser à M. l'intendant des plaisirs dits *menus* ; et de M. l'intendant des plaisirs dits menus, à M. le premier gentilhomme de la chambre en exercice. Tous ces messieurs ont leur coin de magistrature, leur droit d'inspection sur les pièces de théâtre, leur privilège ; car où n'y en a-t-il pas en France ? Il est bien vrai qu'une pièce peut être représentée à Paris et à la cour, quand il est avéré qu'elle ne contrarie aucune opinion particulière d'aucun des arbitres ; mais on doit sentir, en récompense, que rien n'est moins possible, quand la pièce n'est pas tout-à-fait insignifiante.

VI. On a établi des censeurs, agens subalternes du gouvernement, qui recherchent avec un soin scrupuleux, dans les pièces de théâtre, ce qui pourrait choquer la tyrannie et combattre les préjugés qu'il lui convient d'entretenir. Tout ce qui est dépourvu de sens est approuvé par ces Messieurs; les adulations basses et rampantes sont protégées ; les farces même les plus indécentes sont représentées sans obstacle : les vérités fortes et hardies sont impitoyablement proscrites. La mission des censeurs est de faire la guerre à la raison, à la liberté ; sans talens et sans génie, leur devoir est d'énerver le génie et les talens : ce sont des eunuques qui n'ont plus qu'un seul plaisir, celui de faire d'autres eunuques.

VII. Du moins, si l'on connaissait des lois établies qu'il ne fût pas permis de transgresser; s'il y avait des bornes marquées , au-delà desquelles le génie ne pourrait plus avancer impunément ; si l'on savait bien précisément jusqu'à quel point la raison est tolérée en France; quelque circonscrit que fût le cercle des idées , en rougissant de l'avilissement où la nation est plongée, en gémissant sur la tyrannie qui nous environne, nous pourrions tenter de nous y soumettre. Mais tout est arbitraire ; tout suit la volonté d'un garde-des-sceaux, d'un lieutenant-général de police, ou même d'un censeur. C'est du caractère particulier, c'est du degré de lumières, c'est du caprice de quelques hommes, que dépend la permission de représenter une pièce de théâtre. Crébillon déclarant à l'auteur de Mahomet qu'il lui est impossible d'approuver cette pièce, Crébillon suffit pour suspendre, pendant plusieurs années, la représentation du chef-d'œuvre. Il faut obtenir le suffrage d'un souverain pontife, moins scrupuleux parce qu'il était plus éclairé ; il faut contrebalancer le refus d'un rival timide et jaloux, en trouvant un censeur raisonnable ; il faut vaincre la froide obstination d'un prêtre octogénaire, et de quelques autres ministres à peine capables de comprendre cette profonde tragédie.

VIII. Quand la comédie de Tartuffe, écrite soixante ans auparavant, fit marcher la nation vers la vérité, d'une manière aussi forte et plus directe, Molière déchiré, calomnié par la cabale des prêtres, Molière insulté en pleine église par Bourdaloue, Molière, en insérant dans sa pièce un panégyrique de Louis XIV, sut intéresser l'orgueil de ce prince, et s'assurer de son appui. Ce despote, jeune alors, aidé d'un esprit droit et d'une forte volonté, donna, pour un moment, au théâtre d'un peuple asservi, un peu de cette liberté qui caractérise le théâtre des nations gouvernées par elles-mêmes. Il aida Molière à triompher de ses ennemis, et cette admirable comédie fut représentée. Elle ne l'aurait pas été, je pense, en des tems postérieurs au règne de Louis XIV; elle éprouverait de grandes difficultés dans ce moment-ci. Louis XIV, lui-même, n'aurait pas toujours été si favorable à Molière. Lorsque dans ses dernières années, affaibli par l'âge et par les chagrins, lassé d'une puissance arbitraire exercée pendant plus d'un demi-siècle, il traînait les restes de sa vie entre son confesseur jésuite, et sa maîtresse janséniste, il n'est pas probable qu'il eût pris plaisir à voir tourner en ridicule les charlatans de dévotion; et leurs cris auraient infailliblement étouffé, près du vieux monarque, les réclamations du philosophe.

IX. Ainsi, tout variait en France sous le despotisme aristocratique dont nous voulons secouer le joug : ainsi la loi d'hier n'était plus celle d'aujourd'hui, et celle d'aujourd'hui se voyait le lendemain remplacée par une autre : ainsi le moindre ami du prince, un valet-de-chambre, une courtisanne en faveur, la maîtresse d'un ministre ou d'un premier commis, persécutait insolemment la philosophie, ou la protégeait plus insolemment. On a vu Voltaire, luttant à chaque nouveau chef-d'œuvre contre la foule des envieux et des fanatiques, forcé de ménager des courtisans qu'il méprisait, déplorant la pusillanimité de ses concitoyens, disant la vérité par vocation, par besoin, par enthousiasme pour elle, se rétractant, se reniant lui-même pour échapper à la persécution ; admiré sans doute, mais dénigré, mais haï, mais enfermé deux fois dans les cachots de la bastille, exilé, contraint de vivre éloigné de sa patrie, osant à peine venir expirer dans cette ville qui se glorifie de l'avoir vu naître, jouissant des honneurs d'un triomphe, et trouvant à peine un tombeau ; avant ce dernier opprobre, poursuivi pendant trente années, jusqu'au pied du Mont-Jura, par des mandemens et des réquisitoires ; flattant sans cesse et les flatteurs et les maîtresses du feu roi ; et laissant à la postérité, avec un exemple de force, un exemple de faiblesse qui déposera moins contre lui que contre son siècle, indigne encore, à bien des égards, d'être éclairé par un si grand homme.

X. Et que n'eût-il pas fait dans des circonstances plus heureuses? quel essor n'eût pas pris son génie? quelle importance n'eût point acquise la tragédie dans notre siècle, si des obstacles puériles n'eussent point arrêté la marche de Voltaire? Il a parfaitement connu la majesté de ce beau genre de poésie. Dans Mérope et dans Oreste, il a transporté sur notre scène l'austère simplicité de la scène grecque. Dans Mahomet et dans Alzire, il a su déployer, avec une énergie jusques-là inconnue des Français, cet amour de l'humanité, cette haine du fanatisme, cette passion pour la tolérance, qui fait aimer ses beaux ouvrages autant qu'on les admire. Combien il aurait donné de plus grandes leçons, s'il n'eût pas été forcé d'affaiblir ou de voiler ses intentions en présentant sur la scène des mœurs étrangères et des faits inventés! Quelle carrière immense ce redoutable ennemi

de la superstition aurait vu s'ouvrir devant ses
pas, en jetant les yeux sur l'histoire moderne!
Là, tous les grands préjugés s'offrent à combattre. De quels traits de feu n'eût-il pas su
peindre les usurpations et les fureurs du sacerdoce; l'établissement de l'inquisition; les forfaits
d'un Alexandre VI; les guerres longues et sanglantes que le fanatisme allumait, tour-à-tour,
dans tous les coins de l'Europe; des millions
d'hommes égorgés pour des querelles théologiques: et, malgré tant d'atrocités, les peuples
courbant toujours la tête sous un joug imbécille et cruel, que leur sang avait tant de fois
rougi!

XI. Il n'aurait point, sans doute, (je suppose
toujours des tems plus heureux,) il n'aurait
point dégradé la tragédie nationale en la con-
sacrant, comme a fait un homme médiocre, à
des aventures sans importance, à des fanfaro-
nades militaires, à des flatteries serviles, flétris-
santes pour l'auteur qui ose les risquer et pour
l'auditoire qui peut les souffrir. Voltaire, poète,
historien et philosophe, était vraiment digne
de créer parmi nous une scène nationale. On

peut lui reprocher d'avoir médiocrement aimé
la liberté : on peut lui reprocher même d'avoir
souvent déifié les tyrans et la tyrannie. Mais
les grands hommes sont ceux qui ont moins de
préjugés que le vulgaire. En faisant marcher
l'esprit de son siècle, Voltaire dépendait lui-
même de cet esprit ; ou peut-être il a cru qu'il
devait subir un joug pour qu'on lui permît d'en
briser un autre. S'il avait vu, autour de lui, se
former une puissance publique, il aurait écrit
avec plus de hardiesse et de profondeur sur les
matières politiques. Dans les circonstances où
nous sommes, l'autorité arbitraire n'aurait point
eu d'adversaire plus intrépide. Il aurait compris
que la tyrannie est mille fois plus dangereuse
que le fanatisme. Le fanatisme, sans la tyrannie, ne saurait avoir aucune puissance : avec de
l'argent et des soldats, la tyrannie est toujours
toute-puissante.

XII. Échauffé, dès mon enfance, par les
écrits des grands hommes, pénétré des vérités
sublimes qu'ils ont exprimées avec tant d'énergie, passionné pour l'indépendance, et révolté
contre toute espèce de tyrannie ; mais, par une

suite de ce caractère, me sentant très incapable
de parvenir à la faveur, sous un gouvernement
arbitraire, je m'étais livré de bonne heure à la
philosophie et aux belles-lettres. J'avais compris
que dans un état où l'intrigue dispose de toutes
les places, un bon livre, c'est-à-dire un livre
utile, devient la seule action publique permise à
un citoyen qui ne veut point descendre à des
démarches humiliantes. Entraîné vers la tragédie, non-seulement par un penchant irrésistible,
mais par un choix médité, par une persuasion
intime que nulle espèce d'ouvrage ne peut avoir
autant d'influence sur l'esprit public, j'avais
conçu le projet d'introduire sur la scène française les époques célèbres de l'histoire moderne,
et particulièrement de l'histoire nationale; d'at-
tacher à des passions, à des évènemens tragiques, un grand intérêt politique, un grand but
moral. La tragédie est plus philosophique et
plus instructive que l'histoire, écrivait jadis Aristote. J'avais cru qu'on pouvait rendre notre
théâtre plus sévère encore que celui d'Athènes.
J'avais cru qu'on pouvait chasser de la tragédie
ce fatras d'idées mythologiques et de fables
monstrueuses, toujours répétées dans les an-

ciens poètes. J'avais cru enfin qu'en joignant à la gravité, à la profondeur des mœurs de Tacite, l'éloquence harmonieuse, noble et pathétique des vers de Sophocle, un talent supérieur au mien pourrait faire dire un jour à tous les gens raisonnables, ce qu'Aristote écrivait il y a près de trois mille ans.

XIII. J'ai du moins saisi la seule gloire où il m'était permis d'aspirer, celle d'ouvrir la route, et de composer le premier une tragédie vraiment nationale. Je dis le premier, car tout le monde doit sentir que des romans en dialogue sur des faits très-peu importans, ou traités avec l'esprit de la servitude, ne sauraient s'appeler des *tragédies nationales ;* et les personnes un peu lettrées n'ignorent pas qu'on avait fait, il y a plus d'un siècle, des tentatives en ce genre. J'ai choisi, pour mon coup d'essai, le sujet, j'ose le dire, le plus tragique de l'histoire moderne, la saint-Barthelemi. Nul autre ne pouvait offrir, peut-être, une aussi forte peinture de la tyrannie jointe au fanatisme. J'ai tâché de représenter fidèlement le caractère irrésolu, timide et cruel du roi Charles IX, la politique sombre et perfide de Catherine de Médicis, l'orgueil et l'ambition du duc de Guise, ce même orgueil, cette même ambition masquée, dans le cardinal de Lorraine, d'un zèle hypocrite pour la religion catholique. J'ai opposé à cette cour de conspirateurs, la fière et intrépide loyauté de l'amiral de Coligni, la noble candeur de son élève le jeune roi de Navarre, depuis notre bon roi Henri IV, et le grand sens du chancelier de l'Hôpital, ce ministre ami des lois et de la tolérance. Que le public me permette de l'entretenir un moment, non pas précisément de cet ouvrage qui n'a pas encore été soumis à son jugement, mais des difficultés qu'il a fait naître à plusieurs lectures, et des prétendus inconvéniens que quelques gens ont trouvés à sa représentation. Mes lecteurs voudront bien remarquer qu'en répondant aux objections faites contre cette tragédie, j'aurai répondu à toutes celles qu'on pourrait faire contre les tragédies politiques et nationales. Elles demandent à être traitées avec cette liberté austère et impartiale, avec cette haine des abus, avec ce mépris des préjugés qui distingue un poète et un historien philosophe. S'il se trouve, et certainement il s'en trouvera parmi ceux qui jetteront un coup-d'œil sur cet écrit; s'il se trouve des personnes bien convaincues que ce genre d'ouvrage ne serait pas moins utile qu'il serait intéressant pour la nation; s'il se trouve, et certainement il s'en trouvera, des personnes étonnées de la puérilité des objections que je m'apprête à réfuter, je les prie d'observer que ces objections m'ont surpris plus qu'un autre; et je les prie encore de vouloir bien se joindre à moi, d'unir, sur ce point, leur voix à la mienne, et d'employer, pour soutenir la raison, un peu du zèle et de l'ardeur qui n'ont cessé d'animer ceux qui font profession de la combattre.

XIV. Est-il possible de représenter, sur le théâtre, un roi de France tout à-la-fois homicide et parjure, un roi de France qui verse le sang de ses sujets? ne serait-ce pas au moins très-indécent? Voilà la première objection. Que veut-elle dire? A qui craint-on de manquer de respect? sont-ce des courtisans de Charles IX qui parlent? Est-ce bien sous le règne d'un prince équitable, d'un prince qui a senti lui-même le besoin de limiter son pouvoir, qu'on peut trouver de l'indécence à faire justice d'un tyran, deux siècles après sa mort ? L'indécence serait de calomnier un Charlemagne, un Louis IX, un Louis XII, un Henri IV. Mais quand un roi de vingt-deux ans a pu commettre le plus grand crime dont l'histoire du monde fasse mention, celui d'un roi qui conspire contre son peuple, l'indécence est sans contredit à penser un seul moment qu'une nation, victime de sa rage, lui doit encore des égards, et qu'un citoyen de cette nation ne peut la venger après deux siècles écoulés, en livrant, sur le théâtre, la mémoire de ce monstre à l'exécration publique.

XV. N'est-il pas indécent de représenter des prêtres chrétiens sur le théâtre ? n'est-ce pas un moyen sûr de nuire à la religion, sur-tout si l'on fait parler ceux qui ont mérité la haine publique ? Telle est la seconde objection. C'est à-peu-près celle que les dévots faisaient autrefois contre la comédie de Tartuffe. Ainsi les charlatans, qui trompent les peuples, font toujours semblant de confondre la cause des hommes et la cause de Dieu. Mais leur fausse dialectique ne séduit plus personne. Non, sans

doute, un ouvrage où le fanatisme est peint
des couleurs les plus noires, c'est-à-dire, de ses
véritables couleurs; non sans doute, un ouvrage
où la tolérance est prêchée sans cesse, ne saurait nuire à la religion, à moins que la religion
ne soit essentiellement fanatique et prodigue du
sang des hommes. Si cela était, ceux qui voudraient l'abolir seraient les bienfaiteurs de l'humanité. Mais cela n'est pas. Les jours sont venus où la religion s'épure, et s'identifie, pour
ainsi dire, avec la morale. On sait qu'il ne faut
point accuser Dieu des fautes de ses ministres;
et l'on sait qu'un ministre de Dieu peut être
coupable. Le prêtre convaincu d'un crime est
puni comme un autre homme; et les privilèges
de l'église doivent être anéantis au théâtre
comme ailleurs, par la raison, maintenant
connue, qu'un privilège est une chose absurde.

XVI. On m'a fait une troisième objection, qui
me serait bien plus sensible si elle n'était parfaitement ridicule, et peut-être indigne de la
réponse sérieuse que je vais y faire. « Vous
« voulez composer des tragédies nationales; et
« pour coup d'essai vous choisissez dans l'his-

« toire de France un fait qui est l'opprobre de
« la nation ; vous voulez retracer à vos conci-
« toyens une époque flétrissante pour eux, et qui
« devrait être à jamais effacée du souvenir des
« hommes. » Courtisans patriotes, vous croyez
donc que le massacre de la Saint-Barthelemi est
l'opprobre de la nation ! J'admets pour un moment cette proposition, que je vais bientôt vous
nier. Vous ne pensez pas du moins qu'un crime
exécuté en 1572 puisse flétrir la nation française
en 1789. Quand les Danois assemblés par représentans, en 1660, déférèrent à leur roi l'autorité la plus illimitée, certainement ils se cou-
vrirent d'opprobre aux yeux de tous les peuples
qui avaient alors quelque idée du droit politique ; mais si les Danois aujourd'hui se rappelaient
qu'ils sont des hommes, et qu'il ne convient pas
à des hommes d'obéir au caprice d'un seul,
vous ne pensez pas que l'ignominie de leurs ancêtres pèserait encore sur eux. L'opprobre n'est
pas plus héréditaire que la gloire : l'un et l'autre
ne sont pas plus héréditaires chez les nations
que chez les individus ; et la honte des Danois
en 1660, ne subsisterait plus pour leur postérité
devenue

devenue libre, comme le contrat des Danois en 1660 ne saurait lier leur postérité.

XVII. Il en est ainsi des Français. En supposant que le massacre de la saint-Barthélemi soit le crime de la nation, les Français de ce temps-là sont flétris, mais non ceux d'aujourd'hui, qui n'étaient pas nés encore. En vous accordant (ce qui n'est point mon avis) qu'un écrivain philosophe doit quelquefois dissimuler sa pensée par respect pour sa nation, vous conviendrez du moins qu'il doit ce respect seulement à la génération qui existe, et qu'il ne doit que la vérité aux générations qui ne sont plus. Cet esprit de fanatisme et d'intolérance qui a causé nos guerres civiles du seizième siècle, s'est beaucoup affaibli parmi nous; mais quand il subsisterait dans toute sa force, quand il serait encore l'esprit général, quand les partisans effrénés du dogme auraient conservé sur la nation cette influence qu'ils ont perdue, serait-ce en effet respecter la nation que de la tromper? serait-ce lui manquer de respect que de l'éclairer? Quel homme aurait le mieux mérité de ses concitoyens, celui qui dans des écrits timides

N

caresserait leurs préjugés, ou celui qui risque-
rait de leur déplaire en disant tout haut des
vérités énergiques? Un bon citoyen ne doit-il
pas traiter sa nation, comme un véritable ami
traite son ami ? N'est ce pas servir son ami, que
de le désabuser d'une erreur funeste ? et ne
vaut-il pas mieux servir son ami que de le flatter?

XVIII. Vous voyez donc bien qu'en retraçant
un événement du seizième siècle, je n'ai fait
que ce que fait un historien ; vous voyez bien
que j'ai tout au plus accusé la nation française
du seizième siècle, et non pas la nation française actuelle, à qui seule je dois obéissance et
respect ; vous voyez encore que si j'avais attaqué
les erreurs de la nation française actuelle, bien
loin de lui manquer de respect, j'aurais fait le
devoir d'un bon citoyen : par conséquent il est
démontré que votre objection est absurde à tous
égards. Mais, par surabondance de droit, je
vous nie maintenant ce que j'ai pu vous accorder
tout à l'heure. Le massacre de la Saint-Barthélemi n'est point le crime de la nation; c'est le
crime d'un de vos rois : et il ne faut point
confondre vos rois avec la patrie, malgré les

maximes d'esclaves qu'on vous débite à vos théâtres, dans vos prétendues pièces nationales. C'est le crime de Charles IX, de sa mère, du duc de Guise, du cardinal de Lorraine ; c'est le crime de la cour ; c'est le crime du gouvernement , comme la révocation de l'édit de Nantes, les massacres des Cévennes, et, pour ne pas faire une énumération trop longue, comme tous les malheurs qui ont affligé, durant quatorze siècles, cette grande et superbe nation, écrasée de règne en règne et de ministre en ministre, mais qui est fatiguée de la servitude, et qui sent enfin sa dignité.

XIX. Il n'est pas vrai que ces événemens désastreux doivent être effacés du souvenir des hommes ; cette pensée fausse n'est digne que d'un rhéteur pusillanime : ils doivent y vivre à jamais, au contraire, pour leur en inspirer sans cesse une nouvelle horreur, pour armer sans cesse le genre humain contre des fléaux dont le germe est toujours subsistant, quoique souvent il soit caché. Les fanatiques assurent qu'il n'y a plus de fanatisme ; les tyrans, qu'il n'y a plus de tyrannie ; et la foule des gens à préjugés ne cesse de crier que les préjugés n'existent plus. Quand tous ces mensonges seraient autant de vérités, les tragédies d'un peuple libre, d'un peuple éclairé, devraient toujours avoir un but moral et politique ; et les principes de la morale et de la politique ne sauraient changer. Il faudrait toujours, à ne considérer même que la perfection de l'art, représenter sur la scène ces grands événemens tragiques, ces grandes époques de l'histoire, qui intéressent tous les citoyens ; et non plus ces intrigues amoureuses, qui n'intéressent que des femmes ; non plus ces passions si fades, éternel aliment de cent tragédies qui se répètent sans cesse, et qui se ressemblent toutes par la mollesse et l'absence d'idées. Poètes tragiques français, lisez, relisez Sophocle et Tacite ; connaissez bien le siècle où le sort vous a placés ; et songez, en observant le peuple nouveau qui vous environne, qu'il est tems d'écrire pour des hommes, et que les enfans ne sont plus.

XX. O Racine ! poète sublime et naïf dans Athalie, austère dans Britannicus, par-tout sensible et touchant, par-tout correct, élégant,

harmonieux, loin de moi l'esprit des barbares
qui méconnaissent tes admirables beautés ! Cer-
tes, malgré tes défauts qui sont ceux de ton
siècle, et que tes grands talens peut-être ont
rendus plus contagieux, je vois et je révère en
toi le génie le plus parfait qui ait illustré les
arts de l'Europe. Mais fallait-il abaisser ce
génie au rôle de complaisant de cour? fallait-
il ambitionner des succès aux petits apparte-
mens de Versailles, ou dans le couvent de Saint
Cyr ? fallait-il enfin perdre tes veilles à composer des tragédies allégoriques, à retracer en
vers excellens, mais peu tragiques, et encore
moins philosophiques, les amours du jeune
Louis XIV et de la fille de Charles premier,
ou les amours du vieux Louis XIV et de la
veuve Scarron? Homme fait pour éclairer la
France, qu'importaient à la France Esther et
Bérénice? Ah! si, au lieu d'écrire cette longue
élégie royale, tu avais traité le grand sujet
que j'ai tenté; si tu avais employé ton tems et
ton éloquence à donner à tes concitoyens d'énergiques leçons de tolérance et de liberté, tu
aurais servi ta nation qui avait alors plus d'éclat
que de bonheur, et plus de talens que de lu-

mières. Peut-être le conseil de Louis XIV n'aurait pas été animé du même esprit que le conseil de Charles IX ; peut-être l'industrie des Français n'aurait pas enrichi l'étranger de notre ruine ; et peut-être le sang des Français n'aurait pas coulé sur les échafauds du Languedoc, pour des opinions théologiques.

XXI. Si je réclamais la liberté du théâtre dans l'auguste assemblée des Représentans de la Nation, ou si j'étais sûr de n'avoir pour lecteurs que des hommes éclairés comme eux et soumis au seul empire de la raison, je n'invoquerais l'autorité d'aucune époque ni d'aucune nation ; je n'exposerais que des motifs tirés du droit légitime de publier sa pensée. Ce chapitre est donc spécialement écrit pour ceux dont le jugement est moins exercé, qui examinent moins sévèrement les idées qu'ils ont adoptées, qui prennent souvent l'usage pour le droit, et sont plus aisément persuadés par des exemples que convaincus par des raisonnemens. Ministres, commis, censeurs royaux, agens ou partisans du despotisme, écoutez. Je ne vous parlerai point des Athéniens ; vous me diriez qu'ils vi-

vaient au sein d'une démocratie : comme si le
droit des hommes dépendait de la forme des
gouvernemens ! comme si le droit des hommes
n'était pas le même dans Athènes et dans Paris,
sous le trente-neuvième degré et sous le qua-
rante-neuvième, à Tornéo et sous la ligne !
Mais laissons dans ce moment les peuples qui
n'ont point oublié la dignité de l'homme. Je
vous dirai qu'au commencement du seizième
siècle, on représenta sur différens théâtres
d'Italie, et même à Rome, devant le pape
Léon X, la comédie de la Mandragore, du
célèbre Florentin Machiavel. Dans ce pays superstitieux, on vit sans frémir, sur la scène, un
religieux qui se joue de la confession, et qui
est l'agent d'un adultère. Il faut voir, dans l'ori-
ginal, les conseils que frère Timothée donne à
sa pénitente. Cette scène est admirable, j'ose
le dire ; elle est égale, en tout sens, à celle
où Tartuffe veut séduire la femme de son bienfaiteur ; et, ce qui doit plus étonner, Machiavel
a écrit sa comédie cent cinquante ans avant
celle de Molière. Cette pièce n'est pas sans
doute une école de bonnes mœurs ; mais son
immoralité ne serait pas un titre d'exclusion,

à Paris, où l'on représente journellement les farces de Montfleuri, de Dancourt, et de M. de Beaumarchais. Rappelez-vous bien que la Mandragore fut composée au commencement du seizième siècle ; dans un pays où les monastères ont fourni tant de souverains pontifes ; dans les momens où la cour de Rome avait besoin d'exagérer le respect qu'on doit aux prêtres ; quand l'église étoit divisée par une foule d'hérésies ; quand Martin Luther ébranlait déjà le trône apostolique. Jetons maintenant un coup-d'œil sur le théâtre d'Angleterre. Shakespear écrivait à la fin du même siècle. Voyez dans ses pièces nationales, les rois, les princes, les paires du royaume, les prêtres, les prélats de l'église romaine, et ceux de l'église anglicane, introduits sur la scène, et pesés, pour ainsi dire, avec un esprit de liberté que le philosophe David Hume est loin d'avoir égalée dans son histoire. Croit-on que les Anglais fussent libres du tems de Shakespear ? Ah ! de quelle liberté jouissait l'Angleterre avant la fuite de Jacques II ! Sous les règnes sanglans de Henri VIII et de ses filles, les lois se taisaient devant le monarque ; la crainte et la corruption enchaînaient les parlemens ; et l'antique charte nationale , bien loin d'être réclamée par les Anglais , était presque ignorée d'eux. Agens ou partisans du despotisme, tel fut pourtant, sous le despotisme, le théâtre de l'Angleterre et de l'Italie.

XXII. Je sais que depuis ce temps , et même depuis la révolution de 1688, on a tenté d'abolir, en Angleterre, la liberté dont jouissait le théâtre. Je sais que Walpole est parvenu à consommer cette iniquité ministérielle. Grace à cet Anglais lâche et vil , le théâtre est soumis dans son pays à des formes arbitraires. Par une suite nécessaire des mœurs anglaises, ces formes sont beaucoup moins vexatoires, beaucoup moins infâmes qu'en France ; mais elles sont toujours arbitraires , et par conséquent tyranniques. Si l'on ne savait combien les ministres Anglais ont de moyens de corrompre les membres du parlement, si l'on ne savait combien il leur est facile de déterminer en leur faveur la pluralité des voix, il serait impossible d'imaginer qu'une nation qui se croit libre et qui se vante de penser, jouisse de la liberté de la presse, sans jouir en même tems de la liberté du théâtre. Comment ne pas voir, en effet, que l'une et l'autre sont également fondées sur le droit qu'ont tous les hommes de publier leurs pensées? Cet avilissement du théâtre une fois consommé, nul homme d'un véritable génie n'est entré dans la carrière. Les tragédies des Anglais sont devenues froides, sans cesser d'être monstrueuses. C'est un non-sens perpétuel, aussi bien que leurs comédies, dont rien n'égale la licence, grace à la censure des chanceliers, qui ne craignent que la raison.

XXIII. Députés des communes de France, éloquens soutiens de l'assemblée nationale; et vous, nobles, qui avez protesté contre l'esprit de scission, et qui voulez être de la nation française; et vous, prêtres, qui ne dédaignez point le nom de citoyens français; c'est à vous maintenant que je m'adresse. Prêtres, ne soyez point effrayés par le sujet de cet ouvrage : ne soyez pas plus scrupuleux que le pape Léon X, qui n'a cessé d'encourager l'art dramatique; que le cardinal de Richelieu, qui l'a cultivé lui-même; que le cardinal Mazarin, qui a présidé à la naissance de l'opéra chez les Français; que le cardinal

Bibiéna, qui a fait la première comédie régulière écrite chez les modernes ; que l'archevêque Trissino, à qui nous devons aussi le premier essai régulier dans l'art tragique. Le théâtre est, comme la chaire, un moyen d'instruction publique : l'instruction publique est importante pour tous les citoyens. Prêtres qui siégez parmi les Représentans de la Nation, vous êtes citoyens, vous êtes envoyés dans cette assemblée pour y exercer des fonctions civiques, et non des fonctions sacerdotales.

XXIV. Vous tous, législateurs élus par le Souverain, citoyens de toutes les professions ; vous tous que nous avons chargés de rendre à la France les droits qu'on avait usurpés sur elle. ces droits qui sont à tous les hommes, et qui ne sauraient dépendre ni des climats , ni des époques, parcourez un moment cet écrit ; vous suppléerez par vos lumières au peu d'étendue des miennes. Vous penserez ce que je n'ai peut-être pas su dire. Vous sentirez combien la liberté du théâtre est à desirer pour l'utilité publique. Cette raison devrait seule déterminer des citoyens mais cette raison, déja si forte, n'est ici que secondaire, puisqu'il est question d'une chose rigoureusement juste. Il faut poser des lois écrites, des lois coërcitives, des lois consenties par ceux qui représentent la Nation. Il faut que ces lois prononcent sur tous les cas. Dans un pays libre, tout ce qui n'est pas expressément défendu par les lois, est permis de droit.

XXV. Mais, me dira-t-on, les Représentans de la Nation ne pourraient-ils pas autoriser la censure par une loi écrite, et par conséquent rendre légale l'autorité de tous ceux qui gênent la publication de la pensée ? Demandez-moi s'ils peuvent rendre le despotisme légal. Ne frémissez pas, vous m'aurez fait la même demande. Qu'est-ce que le despotisme ? C'est l'autorité arbitraire. Si elle peut être juste en un seul cas, elle peut être juste dans tous. Mais elle est injuste par son essence. Du moment que vous admettez une seule partie de l'ordre public où l'opinion du magistrat fait la loi, vous violez le droit naturel, et le despotisme est en vigueur. Les magistrats sont les instrumens de la puissance législative, et non pas ses dépositaires. Ils doivent obéir aveuglément aux lois écrites, comme l'automate de Vaucanson obéissait à des lois mécaniques. Malheur au pays où les magistrats sont législateurs ! Ce pays est un pays d'esclaves ; et les magistrats sont législateurs partout où leur opinion particulière décide. Mais ne sentez-vous pas les inconvéniens d'une liberté sans limites ? Je les sens, et je veux des limites, puisque je veux des lois. Quand l'opinion des magistrats décide, il n'y a point de limites. Il n'y en a ni pour l'esclavage, ni pour la licence. N'avons-nous pas vu représenter sur nos théâtres les parades les plus indécentes et les plus insolens libelles ? La représentation de Tartuffe, ce chef-d'œuvre de morale comique, n'a-t-elle pas été suspendue pendant plusieurs années, tandis que la Femme juge et partie ne souffrait aucune difficulté ? Des hommes du premier mérite n'ont-ils pas été, de leur vivant, désignés avec outrage, et presque nommés sur le théâtre, tandis qu'on ne permettait pas d'y dénoncer, d'une manière vague et générale, les vexations les plus tyranniques, et les abus les plus crians ?

XXVI. Mais, me diront encore ces hommes

que la raison effraye toujours, pensez-vous qu'il soit possible d'établir des lois qui prononcent sur tous les cas? J'avoue que j'ai quelque peine à comprendre cette objection. Quand on dit que des lois coërcitives doivent prononcer sur tous les cas, on entend sur tous les cas où il y a délit. Quant à moi, je ne saurais concevoir un délit, sans concevoir aisément une loi qui prononce des peines contre ce délit. Mais des lois qui prononceraient sur tous les cas, ne seraient-elles pas au moins très-difficiles à poser en pareille matière? Cette objection me paraît plus ridicule que l'autre, et c'est beaucoup dire. Sans doute elles seraient difficiles à poser; mais elles sont importantes; mais elles sont justes; mais il serait souverainement injuste de conserver des formes arbitraires. Qu'importe la difficulté? Faut-il regarder les représentans de la nation française comme des enfans lâches et paresseux, qui n'aiment point l'esclavage; mais qui pourtant demeurent esclaves, par la raison qu'il faudrait se donner trop de peine pour être libres?

XXVII. Mais la liberté du théâtre n'intéresse

que les gens de lettres. La proposition est fausse. Le théâtre, je l'ai dit, est un moyen d'instruction publique ; par conséquent, il intéresse la nation entière. Mais les seuls gens de lettres feront des réclamations sur ce point. Quand cela serait vrai, n'est-ce point à ceux qui sont lésés par une injustice, qu'il appartient de réclamer contre elle ? et faudra-t-il ne point écouter un homme qui crie à l'oppression ? faudra-t-il négliger ses plaintes, précisément parce qu'il est opprimé ? Voilà sans doute une singulière logique. Eh ! les gens de lettres n'ont-ils pas le droit de réclamer pour eux-mêmes, après avoir réclamé pour tant de monde ? N'est-ce point un homme de lettres qui a demandé justice pour les Calas et pour Sirven ? Ne sont-ce point des gens de lettres qui ont tonné contre la superstition, contre le fanatisme, et contre nos lois criminelles, et contre les injustices des tribunaux, et contre les jugemens par commission, et contre les lettres de cachet, et contre la corvée, et contre les déprédations du fisc, et contre tous les abus qui ont abâtardi les nations et dégradé l'espèce humaine ? J'aime à voir des importans de Versailles, des valets grands seigneurs, bardés d'un cordon rouge ou bleu, s'imaginant avoir réfuté les raisons les plus évidentes, quand ils ont répondu d'un air froid, qu'il n'est question, sur ce point, que des intérêts des gens de lettres. O Français! si vous ne méritez plus ce nom de Welches qu'un grand homme vous donnait souvent, si vous voulez devenir une nation libre et raisonnable, rendez-en grace à vos gens de lettres. L'orgueil et la faiblesse des monarques, la vanité des princes, la bassesse des courtisans, les préjugés et l'ambition du clergé, l'avarice, l'insolence et l'incapacité des ministres, les prétentions des corps toujours armés les uns contre les autres; voilà ce qui a réduit votre nation au néant politique, où elle s'est vue plongée si long-tems. Vos gens de lettres l'ont retirée insensiblement de l'abîme. On n'a rien oublié sans doute pour les rendre aussi souples, aussi rampans que le reste des sujets : on les a effrayés par la persécution, avilis par la protection : on les a écartés soigneusement de tous les emplois importans, presque toujours remplis par des fripons ou des imbécilles : on les a réunis dans des sociétés littéraires, pour les retenir plus aisément sous la verge du despotisme. L'ambition d'un homme de lettres étoit nécessairement bornée,

bornée, en France, au fauteuil académique, à quelque misérable pension qu'il fallait mériter par la bassesse, à quelque place de censeur royal qu'il fallait remplir en espionnant, en interceptant la vérité. Tout au plus Voltaire et Racine ont-ils pu prétendre à des emplois subalternes de gentilhomme de la chambre, ou d'historiographe de France. Ce système d'avilissement était conforme à l'esprit de la tyrannie. Il devait réussir; il a réussi. Cependant, comme il n'était pas possible que des hommes, plus éclairés que le reste de la nation, n'eussent pas des momens d'énergie, la raison a fait entendre, sur le théâtre et dans les livres, une voix timide, il est vrai, mais puissante; car c'était la voix de la raison. Chaque jour, dans le cabinet des écrivains illustres, dans les tours de la Bastille ou de Vincenne, et même au sein des académies, la masse des idées s'est augmentée. Il s'est trouvé quelques hommes dans notre siècle qui ont uni la philosophie à l'éloquence; ils ont écrit avec une noble hardiesse, qui sera surpassée par leurs successeurs. N'outragez donc plus vos gens de lettres; ils vous ont fait presque autant de bien, que vos rois, vos ministres et votre clergé vous ont

O

fait de mal. Apprenez que sans les gens de lettres, la France serait, en ce moment, au point où se trouve encore l'Espagne ; et si l'Espagne possédait aajourd'hui cinq ou six écrivains du premier ordre, apprenez que dans cinquante ans, elle serait arrivée au point où se trouve aujourd'hui la France.

XXVIII. Il est donc démontré que les gens de lettres Français ont des droits à la reconnaissance de la nation ; mais cette reconnaissance doit se borner à une estime spéciale, et c'est ce qu'ils ont obtenu : car c'est la seule chose qu'on ne pouvait leur enlever. Et quel homme confondra jamais la considération passagère d'un ministre toujours flatté durant son ministère, avec la considération d'un Racine, d'un Fénelon, d'un Voltaire, ou d'un Montesquieu ? Leur gloire grossit, pour ainsi dire, à mesure qu'elle s'éloigne ; elle rajeunit de siècle en siècle. Les gens de lettres, sans doute, et même ces grands hommes, n'ont pas droit d'attendre des lois une protection particulière, que ne partagerait point le reste des citoyens. Des lois équitables ne connaissent point d'acception pour certaines classes de citoyens; mais elles ne connaissent pas non plus d'exception. Si cette locution, *le premier, le dernier* des citoyens, n'était pas une locution absurde, il serait vrai de dire que *le dernier* des citoyens doit jouir, dans la même étendue que *le premier*, des avantages de la constitution. Tous les deux doivent être également réprimés par les lois. Ce qui est juste, ce qui est injuste à l'égard d'un citoyen, est juste, est injuste à l'égard d'un autre. Il s'ensuit très-évidemment, qu'il n'est pas raisonnable d'interdire au théâtre la représentation d'un seul état de la société, s'il en est un seul dont la représentation soit permise. J'ose dire qu'il n'y a qu'une manière de répondre à ce raisonnement; c'est d'employer encore le galimathias inintelligible des défenseurs de l'autorité arbitraire; c'est de proposer, comme le modèle d'une bonne constitution, ce monstrueux ordre de choses, où des gens en place ordonnaient, défendaient ce qu'ils voulaient, sans alléguer d'autre motif de leur volonté, que leur volonté; où, dans leurs décisions, tous les agens subalternes de l'autorité copiaient, au moins pour le sens, la formule inhumaine et dérisoire

qui termine les édits des rois de France : car tel
est notre plaisir.

XXIX. Nous touchons à l'époque la plus importante qui marque, jusqu'à ce jour, l'histoire
de la nation française ; et la destinée de vingt-
cinq millions d'hommes va se décider. Si les
intérêts particuliers s'anéantissent devant l'intérêt public, si l'on fait aux préjugés cette
guerre ardente et vigoureuse, digne du peuple
qui s'assemble, et du siècle qui voit s'opérer
une aussi grande révolution, alors le nom de
Français deviendra le plus beau nom qu'un citoyen puisse porter ; alors nous verrons s'élever
des vertus véritables ; alors le génie, sans cesse
avili par le despotisme, reprendra sa fierté na-
turelle. A des arts esclaves, succéderont des
arts libres ; le théâtre, si long-tems efféminé,
si long-tems adulateur, rappelé désormais à son
but respectable, n'inspirera, dans ses jeux, que
le respect des lois, l'amour de la liberté, la
haine du fanatisme, et l'exécration des tyrans.

XXX. Mais si, quand il faut de puissans re-
mèdes, on nous donne des palliatifs ; si l'on

veut ménager encore les prétentions arbitraires, et cet empire de l'habitude, cette autorité des anciens usages; si l'on se contente de remplacer un gouvernement absurde par un gouvernement supportable; si l'on ne fait que perfectionner le mal, pour me servir de l'expression du vertueux Turgot; si, quand il faut établir une grande constitution politique, on s'occupe de quelques détails seulement; si l'on oublie un instant que les lois doivent également protéger tous les citoyens, que toute acception de personnes ou d'état est une chose monstrueuse en législation, que tout ce qui ne gêne point l'ordre public doit être permis aux citoyens, et que, par une conséquence nécessaire, il doit être permis de publier ses pensées, en tout ce qui ne gêne point l'ordre public, de quelque manière, sous quelque forme que ce soit, par la voie de l'impression, sur le théâtre, dans la chaire et dans les tribunaux; si l'on néglige cette portion importante de la liberté individuelle, la France ne pourra point se vanter d'avoir une bonne constitution: les ames fières et généreuses, que le sort a fait naître en nos climats, envieront encore la liberté anglaise que nous devions surpasser : nous perdrons, peut-être pour des siècles, l'occasion si belle qui se présente à nous, de fonder une puissance publique; et les philosophes français, écrasés, comme autrefois, sous la foule des tyrans, seront contraints de sacrifier aux préjugés, ou de quitter le pays qui les a vu naître pour aller chercher une patrie : car il n'y a point de patrie sans liberté.

XXXI. Quant à moi, je ne respecterai point des convenances arbitraires. Tant que j'écrirai, ma plume, soumise à la véritable décence, ne se permettra jamais ces affreux libelles, répandus de nos jours avec tant de profusion, pour troubler le repos des citoyens et déshonorer des familles entières. Mais je ne concevrai jamais comment, dans les ouvrages qui ont pour objet la correction des mœurs et la peinture de la société, l'on peut raisonnablement oublier certaines professions, ou traiter ces professions privilégiées avec des ménagemens qu'on n'a point pour les autres. Je ne concevrai jamais comment ce qui paraît instructif dans l'histoire, peut sembler nuisible sur la scène : comment, par quel principe conforme à la liberté que la nation revendique à si juste titre, on peut raisonnablement interdire aux poètes dramatiques les personnages les plus importans de nos annales. Je ne concevrai jamais comment la représentation d'un prêtre fanatique, peut être préjudiciable à la tolérante morale : comment la représentation d'un roi tyrannique, ou d'un magistrat injuste, peut détruire la puissance des lois. Je ne croirai jamais que l'unique but de la tragédie soit d'intéresser, pendant deux heures, à quelque intrigue amoureuse, terminée par un dénouement romanesque. Je serai toujours persuadé que le but de ce genre si important, est de faire aimer la vertu, les lois et la liberté, de faire détester le fanatisme et la tyrannie. Si cela est incontestable, il est aussi incontestable que le vrai moyen de faire aimer la vertu, que le vrai moyen de faire détester le fanatisme et la tyrannie, c'est de les représenter fidèlement. La mémoire de Charlemagne et de Henri IV ne sera point déshonorée, par la raison que dans des pièces de théâtre on aura fait parler et agir Louis XI et Charles IX comme des tyrans qu'ils étaient. Fénelon ne sera point flétri, lorsque dans une tragédie on aura peint le cardinal de Lorraine comme un prélat séditieux et intolérant. Sully, l'Hôpital et Turgot ne descendront point du rang où les a placés l'opinion publique, du moment que sur la scène on aura retracé avec énergie l'administration despotique d'un Duprat ou d'un Richelieu. Ainsi, dans la ferme résolution où je suis de faire servir au bien de ma patrie les foibles talens que j'ai reçus de la nature, je représenterai dans mes tragédies, le plus énergiquement qu'il me sera possible, et les vertus et les vices des hommes qui sont livrés au jugement de l'histoire. Je n'aurai pas plus de ménagement pour les rangs et pour les professions, que n'en aurait un historien véritablement instruit des droits de l'humanité. Si des tragédies composées dans un but aussi moral, aussi patriotique, ne peuvent encore être représentées en France, je m'occuperai, dans le silence du cabinet, d'une génération plus heureuse et plus raisonnable que la nôtre; je travaillerai pour ceux qui viendront après nous : c'est d'eux que j'attendrai la récompense de mes travaux. Cependant je gémirai sur la faiblesse de mes concitoyens. Leur négligence sur cet article ne pourra qu'être la suite de leur négligence sur beaucoup d'autres points. Ils se seront occupés de la liberté individuelle; mais la liberté individuelle n'existe pas dans un pays où il n'est pas permis de publier ses pensées : mais il n'est pas permis de publier ses pensées dans un pays où le théâtre ne participe point à la liberté de la presse. En effet, la représentation d'une tragédie, d'une comédie, est une manière de publier ses pensées. D'ailleurs, pour qu'une nation jouisse de la liberté individuelle, il faut que tout citoyen de cette nation puisse faire librement tout ce qui n'attaque point la sûreté personnelle, l'honneur et la probité des autres citoyens. Aucun homme juste, aucun homme doué de raison ne peut révoquer en doute l'évidence de ce principe : et la constitution n'est pas libre, je ne dis pas quand une classe de citoyens, mais quand un seul citoyen ne jouit pas de cette liberté dans sa plus grande étendue.

XXXII. Je relis ce que je viens d'écrire, et je crois pouvoir terminer ici des réflexions présentées avec la franchise altière d'un ami de la vérité, et d'un citoyen digne de respirer un air libre. Je n'adopterai jamais ces formes timides, ce style équivoque qui convient à l'imposture, et dont on a souvent masqué la raison. Les gens imbus d'anciennes erreurs s'étonneront de cette importance que j'attache à la liberté du théâtre, du théâtre qui change insensiblement les mœurs nationales. Les opinions les plus certaines sont traitées de chimères, quand elles contrarient les pensées de la multitude ; mais le tems de la justice vient tôt ou tard; et sur la question que j'ai traitée dans cet ouvrage, le tems de la justice n'est pas, je crois, fort éloigné. Ces idées qui, au moment de leur publicité, sembleront peut-être des paradoxes à plusieurs classes de lecteurs, répétées sans cesse après moi, seront bientôt devenues des vérités triviales. La génération qui s'avance aura peine à concevoir qu'on ait pu les contester; mais, en plaignant les erreurs de notre siècle, elle sera soumise elle-même à d'autres erreurs, qui, poursuivies sans relâche dans mille écrits énergiques, finiront par succomber, à leur tour, sous les efforts de la philosophie. Ainsi marche l'esprit humain : ainsi l'art de penser et d'écrire rendra chaque jour les hommes plus éclairés, et par conséquent plus vertueux, et par conséquent plus heureux.

15 juin 1789.

LETTRE

AUX AUTEURS

DU JOURNAL DE PARIS.

27 août 1789.

Vous avez inséré, Messieurs, dans votre journal d'aujourd'hui, une lettre anonyme sur la censure des théâtres. Cette lettre est absolument dénuée de principes; et si elle n'avait pour lecteurs que des hommes d'une raison exercée, je ne me donnerais pas la peine d'y répondre : mais elle pourrait produire une espèce de petit effet, dans un moment où les idées du grand nombre ne sont pas très-nettes, dans un moment où mille esprits timides reculent devant la liberté, et semblent regretter l'esclavage. La liberté est un fruit d'une digestion pénible; il ne saurait convenir aux estomacs débiles. La tragédie de Charles IX, demandée par le public, a peut-être occasionné en partie les discussions actuelles sur la censure des ouvrages dramatiques. J'ai traité cette importante question dans un écrit particulier. J'ose y renvoyer les personnes qui peuvent se laisser convaincre par la justice et la raison. Je vais, pour les mêmes personnes, rassembler ici quelques principes, reconnus évidens par tous ceux qui entendent les matières politiques. Une fois ces principes admis, je ne demande aux lecteurs que d'être conséquens.

N'est-il pas vrai que dans toute déclaration des droits de l'homme, le premier principe, le voici : Tous les hommes sont égaux en droits? N'est il pas vrai que de ce premier principe découle celui-ci : Tout homme doit pouvoir exercer ses facultés physiques et morales en tout ce qui ne nuit point aux droits d'un autre homme? N'est-il pas vrai que de ce second principe découle celui-ci : Tout homme doit pouvoir publier sa pensée de quelque manière que ce soit, sauf à être puni, s'il a blessé le droit d'un autre homme? N'est il pas vrai qu'il y a trois manières de publier sa pensée, la parole, l'écriture et l'impression? N'est-il pas vrai que la première manière peut s'exercer par la voie du théâtre, de la chaire, des tribunaux et de la simple conversation ? Remontons aux principes, soyons conséquens, et ne craignons pas notre raison.

On cherche la liberté dans l'indépendance ; elle n'est que dans la règle, dit l'anonyme. Je suis de cet avis. Il en conclut qu'il faut une censure pour le théâtre. Ce n'est pas raisonner conséquemment : on doit en conclure tout le contraire. Il faut une règle, c'est-à-dire, UNE LOI. Vous ne pouvez établir une censure, sans établir l'opinion d'un seul homme ou de plusieurs hommes décidant souverainement. L'opinion d'un seul homme, ou de plusieurs hommes, n'est point UNE LOI ; C'EST DANS LA LOI QU'EST LA RÈGLE. La liberté consiste à ne dépendre que DES LOIS.

L'anonyme prétend, Messieurs, qu'il est une borne où la liberté doit s'arrêter. Rien n'est plus vrai. *Là commence la censure*, dit-il. Ce n'est pas raisonner conséquemment. Il fallait dire : Là commence LA LOI. Supposez des hommes tels que vous voudrez ; ils seront des hommes, ils jugeront avec passion. LA LOI seule est sans passion ; LA LOI seule est une borne véritable. Du moment qu'il existe une censure, il n'y a plus de borne véritable, puisque la borne est dans l'opinion de ceux qui exercent la censure. Ceci est l'évidence. Que l'anonyme réfléchisse, qu'il soit conséquent, et qu'il ne craigne point sa raison.

L'anonyme nous parle des Grecs, des Romains et des Anglais. Faut-il encore, Messieurs, à la fin du dix-huitième siècle, employer cette manière de raisonner? Regardons-nous les Grecs, les Romains et les Anglais comme le modèle de la perfection? Si cela est, ayons des ilotes, établissons chez nous l'esclavage, les combats des gladiateurs, une chambre haute, un parlement septenaire. Si ces choses nous paraissent vicieuses, examinons aussi les autres. Mais les autres sont raisonables. Ici la question de fait devient une question de droit. En vérité, ce n'était pas la peine de parler des Grecs, des Romains et des Anglais. Les législateurs anglais, travaillant il y a cent années, ont établi la liberté sur une base plus solide que les peuples anciens. Les Anglais se sont élevés à la hauteur de leur siècle : élevons-nous à la hauteur du nôtre. Un siècle entier n'a-t-il rien ajouté à la somme des lumières ? Cette opinion serait trop ridicule. Soyons conséquens, et ne craignons pas notre raison.

L'anonyme assure que l'Angleterre est le seul gouvernement moderne où existe la liberté de la presse. L'anonyme se trompe : elle existe en Suisse, en Hollande. Il ne fallait pas oublier sur-tout l'Amérique septentrionale, pays où la liberté politique et civile est infiniment plus étendue, plus solide, et mieux établie qu'en Angleterre, grace aux lumières du dix-huitième siècle. Heureux pays, où la liberté de publier sa pensée est illimitée, sauf à être puni dans les cas déterminés par LA LOI. Revenons au théâtre. Pendant long-tems, en Angleterre, il a été libre, comme la presse. Ce fut Walpole qui le rendit esclave. Ce fut ce ministre Walpole ; et c'est tout dire pour ceux qui connaissent l'Angleterre. Les hommes éclairés, les hommes justes de son tems s'élevèrent contre lui, particulièrement mylord Chesterfield ; mais ce fut en vain. Walpole était sûr d'avoir la pluralité des voix dans tout ce qu'il proposait. J'ai fait ailleurs des observations sur ce point ; mais sur ce point même, un homme de beaucoup de mérite, M. Brissot de Warville, m'avait déja prévenu.

L'anonyme méprise beaucoup l'ancienne censure des théâtres. Je suis charmé qu'il soit, sur ce point, de l'opinion générale. Il veut que la censure soit désormais exercée par des gens éclairés. Je ne demande point s'il connaît quelque *Monsieur Guillaume qui veuille rendre des tapisseries ;* mais que ces nouveaux censeurs unissent l'intégrité aux lumières, et je dirai ce que j'ai déja dit : *Ce sont des hommes, ils auront des passions.* Je veux encore les supposer sans passions, ce qui répugne à la nature humaine ; et je dis que ce tribunal d'hommes parfaits tiendra tout au plus lieu d'une loi excellente ; et je dis encore que leur autorité sera souverainement injuste, par cela seul qu'elle sera arbitraire, par cela seul qu'elle tiendra lieu de LA LOI.

Mais , dit-on. Messieurs, *la loi n'est pas faite. Je le sais. Mais elle serait difficile à poser.* Qu'importe, si elle est possible ? Or, elle

elle est possible. En effet , du moment que nous concevons un délit , nous concevons une peine contre ce délit; par conséquent, une loi qui détermine la peine.

Mais il vaut mieux prévenir les délits que les punir. Mais, tout homme ayant le droit de publier sa pensée, sauf à subir la peine déterminée par LA LOI, du moment que nous l'empêchons de publier sa pensée, nous le dépouillons d'un droit. Or , dépouiller un homme d'un droit , c'est le punir. Ainsi , nous punissons un homme avant qu'il soit coupable , le tout pour ne pas le punir. Voilà sans doute une merveilleuse invention. D'ailleurs , on ne prévient les délits que par la crainte des châtimens; par conséquent , il faut DES LOIS.

Il vaut mieux prévenir les délits que les punir. Par bonheur, Messieurs, l'auteur n'est pas conséquent. S'il l'était , armé de ce beau principe , il nous ôterait la liberté de la presse; il nous rendrait l'espionnage de la police et les lettres de cachet; il nous donnerait une inquisition religieuse , et une inquisition d'état. Qui ne voit que les institutions les plus sinistres seront excusées, si l'on admet ce principe vague et sans but ? C'est celui des tyrans et des esclaves. C'est ainsi que, pour n'avoir point de délits à punir, on a commis l'éternel délit de ravir à l'humanité ses droits imprescriptibles.

Mais la liberté du théâtre mérite une toute autre considération que la liberté de la presse. Des trois manières de publier sa pensée, la parole, l'écriture et l'impression, certainement la première est celle dont les effets sont le plus importans. D'après cela, établirons-nous une censure pour les tribunaux? établirons-nous une censure pour la chaire, dont les effets sont encore plus populaires que ceux du théâtre ? Le malheureux qui manque de pain, ne donnera pas quarante-huit sous pour écouter une tragédie : il entendra le sermon gratis. Faut-il une censure pour les sermons? L'homme qui parle dans la rue peut enflammer le peuple par ses discours: ne pourra-t-on parler dans la rue sans consulter un censeur? Ah ! laissons de misérables objections qu'inspire l'habitude de l'esclavage. Une vue courte apperçoit aisément les inconvéniens de la liberté de publier sa pensée : une vue étendue découvre le remède dans cette liberté même assujettie à DES LOIS. Lisez des mandemens et des réquisitoires ; vous y verrez que Voltaire, J. J. Rousseau, Raynal, sont des incendiaires, et que des livres ont produit tous les crimes. Les raisonnemens qu'on fait maintenant contre la liberté du théâtre, on les a faits contre la liberté de la presse. La raison nous a donné l'une, la raison nous donnera l'autre ; c'est une révolution inévitable : mais on peut lutter plus ou moins long-tems contre la raison.

Remarquez, Messieurs, que la liberté du théâtre a un grand inconvénient de moins que la liberté de la presse. C'est que nul ne peut échapper A LA LOI. Il est possible de faire imprimer un livre sans nom d'auteur, ni d'imprimeur, ni de libraire ; il est encore possible d'imprimer de faux noms : mais en fait de pièces de théâtre, l'auteur peut être forcé de se nommer ; c'est A LA LOI de l'ordonner ; c'est aux comédiens à ne point se charger d'une pièce anonyme. Croyez-vous, après cela, qu'il y ait beaucoup de délits ? croyez-vous, Messieurs, qu'on affronte un châtiment certain ?

Mais *on peut éluder la loi*. Dites qu'on peut n'être pas dans le cas DE LA LOI. En fait de personnalités, par exemple, il faut que la personnalité soit démontrée, pour que l'auteur soit puni. Établissons une censure quelconque, nous ne bannirons point du théâtre les personnalités qui ne sont pas démontrées. Si nous voulons les empêcher, nous éleverons un tribunal inquiet, soupçonneux, cent fois pire que l'ancienne censure, trouvant par-tout des allusions, des personnalités. Si un auteur éprouve quelque injustice, il aura, dit-on, recours aux magistrats, qui jugeront d'après *leurs opinions*. Quoi ! toujours des hommes ! toujours des opinions ! et jamais DES LOIS ! C'est dans LA LOI qu'est la règle. La liberté consiste à ne dépendre que DES LOIS.

Les idées me gagnent en foule, et je finis, de peur de faire un livre. Si l'anonyme n'est pas convaincu, qu'il me réfute ; qu'il lise mon écrit *sur la Liberté du Théâtre* ; qu'il lise encore ma *Dénonciation des Inquisiteurs de la pensée* ; qu'il tâche d'y répondre, non par des autorités, ni par des récits pathétiques de tous les maux qu'il suppose gratuitement, mais en prouvant que mes principes sont faux, ou que mes conséquences ne découlent point de mes principes. En attendant, ne craignons pas notre raison. Les citoyens ne doivent être soumis qu'aux lois, établies par les Représentans de la Nation. Toute espèce de magistrats, ou d'assemblées d'administration, doit seulement faire exécuter LES LOIS. Poursuivons par - tout l'arbitraire, détruisons l'arbitraire; ou ne prononçons plus le mot de liberté, si nous ne pouvons concevoir la chose. Quand la génération, vieillie dans le délire de l'esclavage, aura quitté la vie, il viendra sans doute une génération plus courageuse, plus raisonnable, plus digne d'élever l'édifice de la liberté, que nos faibles mains ne peuvent construire.

J'ai l'honneur d'être, etc.

IIe. LETTRE.

AUX AUTEURS

DU JOURNAL DE PARIS.

18 octobre 1789.

J'AI lu, Messieurs, avec surprise, la seconde lettre de l'anonyme sur la censure du théâtre. Quand je dis avec surprise , ce n'est pas que la seconde soit mieux raisonnée que la première. Je suis seulement étonné que l'anonyme n'ait pas tenté de réfuter un seul des principes contenus dans ma réponse. Je ne compromettrai point ma raison , en répétant des vérités désormais triviales pour tous les hommes un peu au fait de la politique : je n'ajouterai ici que quelques mots à tout ce que j'ai écrit sur ce point. Des citoyens libres ne sont responsables que devant la loi. L'anonyme parle d'une *censure légale*. Cette alliance de mots n'est qu'absurde : j'aimerais autant parler d'un *despotisme légal*. La censure ne peut être légale, puisqu'elle est nécessairement arbitraire.

Mais on peut porter une loi qui autorise la censure. On peut aussi porter une loi qui autorise l'inquisition : on peut aussi, par une loi, placer la dictature absolue dans les mains d'un homme ou d'un sénat. De pareilles lois ordonneraient de se passer des lois. L'anonyme n'est pas très-fort sur les principes.

Je conçois que des censeurs royaux trouvent la censure nécessaire. C'est le raisonnement de M. Josse qui est orfèvre, et de M. Guillaume qui vend des tapisseries. On connaît le mot de l'abbé Desfontaines, *Il faut que je vive ;* mais on connaît aussi la réponse foudroyante de M. d'Argenson, *Je n'en vois pas la nécessité.*

L'anonyme suppose une pièce qu'on aurait pu faire jouer, il y a deux mois, sur le théâtre de Nicolet. C'est dommage qu'il n'ait pas essayé de l'écrire ; mais s'il n'a pas l'imagination nécessaire pour exécuter ce chef-d'œuvre, il est assurément très-digne de composer une poétique à l'usage des grands danseurs du roi. La fable parle d'un animal timide qui se couvrait de la peau d'un lion; il eut le malheur de laisser pas-

ser un bout d'oreille : ici beaucoup de gens assurent qu'ils ont apperçu des oreilles entières.
L'autruche, poursuivie par des chasseurs, cache
sa tête derrière un arbre, et se flatte de n'être
point vue ; mais l'autruche doit être avertie
qu'elle se trompe.

Si j'en crois mes amis, cette lettre, où l'on
trouve, *je ne sais pourquoi*, les mots de talent,
de génie, de savoir et d'esprit, vient, aussi-bien
que la première, d'un homme qui n'a rien de
tout cela, mais qui est parvenu, *je ne sais
comment*, à s'ensevelir de son vivant dans un
coin d'une académie célèbre. On veut aussi que
dans sa lettre d'aujourd'hui il ait osé désigner
injurieusement la tragédie de Charles IX. Dans
tous les cas, les lignes suivantes trouveront leur
adresse, et renferment une excellente morale.
C'est une bassesse de porter ses coups dans l'ombre ; c'est une bassesse d'attaquer indirecte-
ment ceux qu'on n'ose attaquer en face : mais il
est possible que certains personnages trouvent
leur compte à garder l'anonyme, en disant des
injures. Ils évitent la plus grande qu'on pourrait leur répliquer ; celle de leur nom

Au reste, Messieurs, comme la tragédie de Charles IX est calomniée tous les jours par une foule d'ennemis du peuple, qui sont les vrais ennemis du trône, je publierai incessamment une *défense* de cette pièce, où je développerai ma conduite, et toutes les manœuvres employées pour empêcher sa représentation, toutes les misérables tracasseries qu'elle m'a occasionnées dans plus d'un genre. En attendant, voici ce que je déclare hautement. La tragédie dont il s'agit a été commencée il y a plus de trois ans, reçue à la comédie française il y a quinze mois, portée, sur la demande du public, à Messieurs les Représentans de la Commune, examinée, approuvée par trois commissaires qu'ils ont nommés. On me force de le répéter sans cesse, elle est parfaitement morale. Elle fait détester la tyrannie, le fanatisme, le meurtre, les guerres civiles ; elle fait aimer la vertu, les lois, la liberté, la tolérance. Dans aucune pièce, la nation française n'est aussi vantée. Tout homme qui dira, qui écrira le contraire de ce que j'avance ici, se rendra coupable d'une calomnie. Je sais tout le mépris qu'on doit aux libelles anonymes ; mais qu'un accusateur se nomme : alors, mon ouvrage à la main, je le conduirai devant les tribunaux ; et certainement il subira la peine portée contre le calomniateur.

J'ai l'honneur d'être, etc.

AUX AUTEURS

DE LA CHRONIQUE DE PARIS.

29 novembre 1789.

JE viens de lire, Messieurs, dans le Mercure d'hier, un article sur la tragédie de *Charles IX*, qui me semble mériter une réponse. Si l'on attaquait cette pièce du côté littéraire, je garderais le silence : on semble attaquer son but moral ; je suis forcé de prendre la plume.

L'auteur de cet article assure qu'il n'est point de Français qui ne doive rougir, comme homme, en songeant au massacre de la Saint-Barthélemi. Il est impossible de calomnier toute une nation plus indécemment ; et cette calomnie est digne d'un journal ci-devant privilégié. Le crime affreux dont il s'agit est celui de Catherine de Médicis, des Guises, de Charles IX et de sa cour. Une nation qui n'a aucune part à son gouvernement, ne peut être accusée des atrocités de son gouvernement. J'ai déja exprimé cette pensée en d'autres termes dans mon écrit sur la *Liberté du Théâtre*. Je suis étonné qu'il me faille répéter si souvent des idées si simples.

Celui qui ose calomnier la nation entière, prétend que je n'ai pas dû faire bénir, par le cardinal de Lorraine, les armes des catholiques qui vont égorger les protestans. Je sais que ce cardinal était à Rome à l'instant du massacre de la Saint-Barthélemi ; mais il serait absurde d'exiger du poète qui compose une tragédie nationale, la scrupuleuse exactitude d'un historien. Dans une tragédie, il suffit de ne faire agir ses personnages que d'une manière conforme à leur caractère connu. Je serais blâmable, par exemple, si j'avais peint le chancelier de l'Hôpital comme un homme intolérant et sanguinaire, ou le cardinal de Lorraine comme un prélat vertueux. On n'ignore pas que ce prêtre ambitieux et superbe, qui avait obtenu des gardes pour l'accompagner, qui avait accumulé sur sa tête tant d'évêchés et tant d'abbayes, maître de l'esprit de Médicis, et par elle de l'esprit de ses enfans, fut le principal auteur des désastres qui ont souillé les règnes de François II et de Charles IX. On n'ignore pas, et le critique l'avoue, qu'il voulut établir en France le tribunal de l'inquisition. On n'ignore pas, qu'il conduisit l'abominable projet de la Saint-Barthélemi ; et ce fait fut démontré par les lettres que le cardinal de Pellevé lui adressait à Rome, lettres que les huguenots interceptèrent. Qui n'a pas entendu parler de l'édit des gibets, en 1559 ? Qui n'a pas entendu parler de cette bulle de 1543, où le pape Clément VII lui accordait pour lui, et pour douze personnes à son choix, l'absolution des plus grands crimes, tels que l'homicide, l'inceste, le sacrilège, deux fois pour lui, et une fois pour chacune des personnes choisies ? Et, s'il faut en croire le Mercure de France, je n'aurais pas dû représenter le cardinal de Lorraine bénissant les exécuteurs des meurtres qu'il avait conseillés ! Ah ! tous les amis de la vertu, tous les ennemis du crime doivent me rendre grace, j'ose le dire, d'avoir mis son fanatisme en action, de la manière la plus énergique, et d'avoir livré ce prêtre infâme à l'exécration de la postérité.

Mais quel est le but de la tragédie de *Charles IX* ? Cette demande du critique est d'une simplicité précieuse, ou d'une insigne mauvaise foi. Après avoir déclaré qu'il ne saurait le deviner, il ajoute, *a-t-on voulu*...... L'impuissance d'achever la phrase serait d'un imbécille ou d'un malhonnête homme. C'est pourquoi je somme l'auteur de cet article d'expliquer lui-même ce qu'il a voulu dire. Je respecte le public, j'estime les critiques éclairés, je méprise les louanges et les satires d'un M. de Charnois, je méprise encore plus les calomniateurs ; mais, tant qu'il y aura des tribunaux en France, je ne serai pas impunément calomnié. En atttendant la réponse du critique, je veux bien lui apprendre quel est le but de la tragédie de *Charles IX* ; c'est d'anéantir le fanatisme qui est affaibli, mais dont le germe subsiste toujours dans une religion exclusive ; c'est d'inspirer l'horreur de la tyrannie, du parjure, et des séductions funestes qui entourent le trône ; c'est d'inspirer l'humanité, l'amour de la liberté et le respect des lois. C'est pour tout cela qu'il n'est point au théâtre de tragédie aussi fortement morale ; c'est pour tout cela qu'en la livrant à l'impression, je l'appellerai *Charles IX, ou l'Ecole des Rois*. Chaque représentation renouvelle les transports du peuple français, au moment où le chancelier de l'Hôpital prédit la constitution nouvelle, et le bon roi qui gouverne aujourd'hui la France. Ces applaudissemens sont ceux qui me flattent le plus. C'est un honneur qu'on doit m'envier sans doute, mais qu'on ne peut me ravir. Je sais qu'il y a beaucoup de gens qui sont choqués de cet ouvrage et de son succès : c'est un honneur de plus pour moi. J'ose me flatter que mes écrits déplairont toujours aux ennemis de la raison et de la liberté.

J'ai l'honneur d'être, etc.

IVe. LETTRE.

AUX AUTEURS

DU JOURNAL DE PARIS.

16 novembre 1789.

MESSIEURS,

On avait beaucoup écrit depuis quelque tems pour ou contre la censure des ouvrages du théâtre. Un fait vient de démontrer, jusqu'à l'évidence, l'abus de ce tribunal arbitraire.

Certainement, Messieurs, il n'est point de censeur qui n'eût rêvé les plus absurdes chimères sur la tragédie de *Charles IX*, qui vient de réussir avec tant d'éclat et si peu de danger ; il n'en est point qui n'eût effrayé l'administration de ses terreurs vraies ou fausses : l'auteur de cet excellent ouvrage eût été découragé à jamais ; la nouvelle carrière qu'il ouvre au génie, fer-

mée

mée sans retour; et le théâtre de la nation, ce
moyen si puissant de l'éducation publique, ce
théâtre avili sous le despotisme, par tant de pièces immorales ou insignifiantes, non-seulement
étoit menacé de perdre son ancienne gloire, mais
de s'éteindre dans l'ignominie, dont le succès
récent d'un ouvrage sans mœurs l'avait si mal-
heureusement entaché.   ·

Eh bien, Messieurs, cette tragédie, source
de tant d'alarmes, et calomniée d'avance avec
tant de fureur, n'a pas donné lieu au moindre
abus, à la plus légère effervescence. Ces allusions, aussi téméraires qu'injustes, que l'on fei-
gnait de craindre, et dont malignement on sug-
gérait l'idée, ne se sont présentées à l'esprit de
personne. Je n'en excepte qu'une, et vous la connaissez; c'est l'application respectueuse et tendre que la nation a faite avec transport, au
meilleur des rois, de ces vers si heureusement
placés dans la bouche du chancelier de l'Hôpital:

On verra nos neveux, plus fiers que leurs ancêtres,
Reconnaissant des chefs, mais n'ayant point de maîtres,
Heureux sous un monarque ami de l'équité,
Restaurateur des lois et de la liberté.

Q *

Que l'auteur est bien vengé, Messieurs, de tous ces libelles répandus d'avance contre son ouvrage! Il ne reste plus qu'à lui rendre la justice qu'il mérite, et qu'il obtiendra (j'ose le lui promettre) de tous ceux qui connaissent le grand art de la tragédie. Je sais que le nombre de ces connaisseurs diminue de jour en jour. Je m'attendais au reproche qu'on a fait à la pièce de manquer d'action, et à ce reproche de *longueurs*, devenu l'arme banale de tous les sots qui se mêlent de juger, et qui ne savent que dire; mais le temps n'est pas encore arrivé d'être complétement juste envers ce bel ouvrage, et de sentir tout le prix de la grande révolution que l'auteur vient d'opérer au théâtre. Je ne me laisserai point enlever le mérite de le défendre contre ses détracteurs. Mais je respecte les bornes de votre journal, occupé maintenant d'objets plus dignes encore de l'attention publique. Je me contenterai seulement de vous dire, à vous, Messieurs, qui avez eu le courage de parler de la tragédie de *Charles IX* avec une impartialité qui vous honore, que cette pièce est la première tragédie véritablement nationale qui ait encore été donnée sur notre théâtre;

qu'elle renferme à-la-fois les plus importantes leçons, et le plus grand exemple qui ait jamais été présenté, non-seulement à la nation, mais à tous les souverains; que les principes répandus dans l'ouvrage rendront la mémoire de l'auteur éternellement chère à la postérité; et qu'enfin on a voté, dans quelques districts, d'encourager un talent si précieux et des vues si pures par une couronne civique.

J'ai l'honneur d'être, etc.

Signé, PALISSOT.

V^e. LETTRE.

AUX AUTEURS

DE LA CHRONIQUE DE PARIS.

18 janvier 1790.

On trouve, Messieurs, dans un journal peu connu, qui se nomme le *Spectateur national*, un petit article, contenant un petit mensonge, qu'on me conseille de relever. Voici l'article innocent.

« Vendredi on a donné à ce théâtre, (théâtre de la nation), au profit des pauvres, la vingt-cinquième représentation de Charles IX. On devait croire que cette tragédie, qui a attiré, *dans ses premières représentations*, une si grande affluence, par le seul motif de la curiosité, en amènerait une au moins aussi grande quand il s'agirait de générosité, de bienfaisance et d'humanité : cet espoir a été trompé; et le chef-d'œuvre national qui a produit tant d'argent, tant échauffé d'esprits, tant occasionné de querelles de vanité ou d'anti-patriotisme, a produit à peine *une recette de charité montante* à 1200 livvres. Il y a bien loin de l'esprit d'enthousiasme à l'humanité. »

Je ne parlerai point de l'envieuse malignité qui a dicté ce joli paragraphe. Mais il est faux que la recette de vendredi n'ait monté qu'à 1200 liv. La recette de la porte a monté à 1800 liv. moins un ou deux écus. Ce mensonge est peu important par lui-même ; mais il est toujours inutile de mentir. Le Spectateur national me permettra de lui donner, par la voie de votre journal, un avis dont il fera bien de profiter : ce n'est pas tout de n'être point lu , et de n'être pas lisible ; il faut encore être véridique.

Il est également faux que la tragédie de Charles IX n'ait attiré une grande affluence que dans ses premières représentations, comme le *prétendu Spectateur* semble l'insinuer. L'affluence s'est toujours soutenue. La recette de la vingt-quatrième représentation , donnée la surveille de la vingt-cinquième, a passé 4200 liv.

et beaucoup de gens venus pour voir la pièce, n'ont pas trouvé de place. La recette suivante n'aurait pas, sans doute, été moins considérable, si la vingt-cinquième représentation avait été annoncée quelques jours d'avance, comme toutes les représentations de pièces nouvelles le sont à tous les spectacles, sur-tout quand la recette est destinée à un usage respectable. Mais la pièce avait été affichée jeudi pour le lundi suivant, et n'a été affichée pour le vendredi soir que le vendredi matin.

J'ai trouvé, tout comme un autre, que la recette de la représentation pour les pauvres, était beaucoup trop inférieure à la recette des représentations pour la Comédie française. Je l'ai si bien trouvé, que j'ai retiré ma pièce ; et je ne la rendrai aux Comédiens, qu'à condition qu'ils donneront, au profit des pauvres, une seconde représentation, annoncée plusieurs jours d'avance. Je sais très-bien qu'on a voulu me compromettre à cette occasion, et faire douter de mon zèle pour les intérêts du peuple, dont les pauvres forment la partie la plus intéressante. J'espère du moins que cette lettre répond à tout ; et j'ose assurer que ma conduite sera toujours d'accord avec les principes que j'ai professés dans tous mes écrits, sur-tout dans la tragédie de Charles IX. Je vous prie, Messieurs, au nom de ces principes, qui sont les vôtres et ceux de tous les bons citoyens, de vouloir bien insérer au plus tôt cette lettre dans votre journal.

Au reste, je sais quel est le style ordinaire de ces petits *eunuques* de littérature, qui, désespérés et confus de leur impuissance, ne cessent de décrier dans leurs misérables feuilles, tous ceux qui sont capables de produire. Si vous réussissez, ils vont prouveront, comme disait M. de Voltaire, que vous n'avez pas dû réussir; ils dénigreront les plus beaux vers, en prose détestable; ils dénatureront, ils falsifieront, ils mentiront avec impudence. Mais au milieu de leurs mouvemens convulsifs, l'ouvrage demeure inébranlable, s'il a vraiment quelque mérite; et ces critiques ineptes sont bientôt plus oubliés qu'ils n'étaient méprisés d'abord : ce qui certainement est beaucoup dire.

J'ai l'honneur d'être, etc

VIe. LETTRE.

AUX AUTEURS

DU JOURNAL DE PARIS.

3 février 1790.

J'AVAIS retiré du théâtre, Messieurs, ma tragédie de Charles IX, et je ne l'avais rendue qu'à condition qu'on la représenterait une seconde fois *au profit des pauvres*. MM. les Comédiens français vous ont écrit à ce sujet une belle épître, que j'ai cru devoir laisser sans réponse. Le style en égalait la logique ; et c'est tout dire. Seul propriétaire de ma pièce, il est trop évident que j'ai pu la retirer quand je l'ai jugé à propos, et la rendre sous telle condition que j'ai voulu proposer : bien entendu que la Comédie française était libre de refuser cette condition, et de ne plus représenter Charles IX. C'est à quoi se réduisait la question.

D'ailleurs, la représentation annoncée le

matin pour le soir a rapporté environ 1800 liv. :
la représentation suivante , annoncée plusieurs
jours d'avance , a produit 4660 liv. ; ce qui fait
presque mille écus de plus. Cette réponse est
victorieuse.

Des journalistes qui ne se piquent pas comme
vous, Messieurs, de vérité et d'impartialité ,
ont assuré que j'avais demandé à la Comédie
française ma rétribution d'auteur, dans les deux
représentations que j'ai fait donner *au profit
des pauvres*, afin d'en disposer *à mon gré*.
C'est un mensonge de plus pour ces journalistes;
mais je suis forcé de répondre à celui-ci. En
demandant ma rétribution, j'en ai fixé l'usage ;
j'ai dit que je la destinais aux pauvres du district des Cordeliers, dont je suis membre. J'ai
envoyé en effet à ce district une somme de 800 liv.
qui excède de fort peu de chose la rétribution
dont il s'agit. La lettre dont le district a bien
voulu m'honorer par la voie de son président,
est un prix trop flatteur du devoir que j'ai
rempli.

J'ai l'honneur d'être, etc.

VIIe. LETTRE.

A M. LE PRÉSIDENT

DU DISTRICT DES CORDELIERS

29 janvier 1790.

Monsieur le Président,

Je vous prie de vouloir bien présenter mon respect à Messieurs les citoyens du district des Cordeliers, et leur offrir de ma part une somme de huit cents livres, que je destine au soulagement des pauvres de ce district. Cette somme est le montant de ma rétribution, comme auteur, dans les deux représentations de ma tragédie de Charles IX, qui ont été données au profit des pauvres.

J'ai l'honneur d'être, etc.

VIII.e LETTRE.

29 janvier 1790.

LE district des Cordeliers, Monsieur, tient à honneur de pouvoir compter au nombre de ses membres, l'auteur de la tragédie de Charles I X. Vous avez bien des titres à la reconnaissance de vos concitoyens. Tandis que, par leur vigilance et leur fermeté, ils travaillent à affermir la constitution nouvelle, vous préparez les esprits à en recevoir la douce influence, en détruisant les anciens préjugés : non content d'éclairer et d'instruire vos concitoyens, vous partagez avec les indigens le produit de vos veilles et de vos talens Ces débuts de votre jeunesse donnent les plus flatteuses espérances pour l'avenir. Le district, plein d'estime et de reconnaissance, me charge de vous adresser cette lettre pour en être le témoignage.

J'ai l'honneur d'être, etc.

Signé PARE, président.

ÉPITRE

AUX
MANES DE VOLTAIRE.

Apôtre de la tolérance,
Bienfaiteur de l'humanité,
Qui, durant soixante ans, en France
Combattis pour la vérité;
Voltaire, du sein d'Elysée,
Prête-moi ces accens et cette aimable voix
Par qui la raison même, en plaisir déguisée,
Sur les humains séduits reprenait tous ses droits;
Cette chaleur divine, et jamais épuisée,
Dont ton ame fut embrâsée;
Et ce courage heureux qui bravait à-la-fois
Le vil courroux des fanatiques,
Les cris des stupides critiques,
Et la mauvaise humeur des rois.

Tes succès de bonne heure ont agrandi la scène.
Plein d'amour pour la gloire, avec moins de talens,
Voltaire, ainsi que toi, dès mes plus jeunes ans

J'offris des vœux à Melpomène.
Les obstacles nombreux ne m'ont point arrêté :
J'ai voulu rappeler la Melpomène antique ;
Et dans les premiers jours de notre liberté,
J'attachai sur son front, avec quelque fierté,
  La cocarde patriotique.
J'ai servi les beaux-arts, j'ai vengé mes rivaux ;
Et le premier de tous, j'ai franchi la barrière
  Dont les censeurs nommés royaux
  Avaient fermé notre carrière.
J'ai, parmi ces rivaux, trouvé beaucoup d'ingrats :
  Car, en fait de reconnaissance,
L'espèce des auteurs, dont pourtant je fais cas,
Avec celle des rois a de la ressemblance.
Mais bien d'autres écueils ont entouré mes pas.
Des Carmes Déchaussés la mâle république,
  Avant d'en connaître un seul vers,
S'avisait de juger mon ouvrage pervers,
  Le tout par instinct prophétique ;
Et devant la Commune, en très-mauvais français,
  Poujant, la veille du succès,
  Me dénonçait comme hérétique.
  Malgré son éloquente voix,
  Il parut enfin cet ouvrage,
Où tous les préjugés sappes avec courage,

Ébranlés , abattus , s'écroulent à-la-fois ;
  Et qu'un citoyen véridique ,
  Dans l'élan d'une ame énergique ,
  Proclamait L'ÉCOLE DES ROIS.
Le soir, le lendemain , vingt lettres anonymes
  M'annonçaient un assassinat :
J'allais être égorgé ; mes vers étaient des crimes ;
Vengeurs des droits du peuple, ils renversaient l'état :
Vieux seigneurs , histrions , courtisannes et prêtres ,
  Contre moi tout s'est déchaîné ;
Des Gautiers , des Charnois disciple infortuné ,
  La férule de ces grands maîtres
  M'a souvent un peu mal-mené ;
Et ne pouvant fléchir leur goût inexorable ,
  Ainsi qu'un esclave coupable ,
Je me vois tous les jours aux bêtes condamné.

De quelques vers heureux les cuisantes blessures ,
  Même lorsque ces beaux-esprits
Iraient dans le tombeau rejoindre leurs écrits ,
Me vengeraient encor de leurs faibles morsures.
  Mais quoi ! faut-il , à force d'art ,
  Rendre la sottise immortelle ?
  Faut-il que la race nouvelle
Apprenne et l'existence et le nom d'un Suard ?

A changer la nature on ne saurait prétendre :
Louis doit présenter un grand modèle aux rois ;
    Syeys doit inventer les lois
    Que La Fayette doit défendre.
Tout suit aveuglément les ordres du destin :
    Le cygne, au bord d'une onde pure,
Fait entendre sa voix, honneur de la nature ;
La grenouille croasse en un marais voisin :
L'eau doit baigner les champs, les champs doivent produire
L'homme est né pour créer, le tigre pour détruire :
    Le renard est fait pour tromper,
    L'aigle pour fixer la lumière ;
    L'insecte et Charnois, pour ramper
    Entre la fange et la poussière.

Qui plus que toi, grand homme, a ressenti les coups
    De ces gens qui, traînant leur vie
    Dans une obscure ignominie,
De tout ce qui reluit sont bêtement jaloux?
Si tu frappais encor ces nocturnes hibous,
    Blessés des rayons du génie !
Si tu vivais encor pour nous inspirer tous ;
Pour voir autour de toi l'Europe rajeunie,
A vingt usurpateurs redemander ses droits ;
    Et, sur les débris formidables

                            De

De ce double pouvoir des prêtres et des rois,
   Elever du trône des lois
   Les fondemens inébranlables !
   Tu nous as fait un demi-dieu
   D'un agent de la tyrannie,
   Et de ton brillant Richelieu
   La mémoire est un peu ternie.
Il est d'autres héros qu'il te faudrait chanter ;
Pour la France et Louis tu monterais ta lyre ;
Et rangés près de toi, sans pouvoir imiter
   Ton aimable et docte délire,
   Nous pourrions au moins t'écouter.

NOTES.

J'ai voulu rappeler la Melpomène antique;
Et dans les premiers jours de notre liberté.
J'attachai sur son front, avec quelque fierté,
La Cocarde patriotique.

Non pas en composant la tragédie de Charles IX, qui était faite depuis long-tems ; mais en ajoutant au rôle du chancelier de l'Hôpital seize vers où il prédit la révolution.

J'ai servi les beaux-arts, j'ai vengé mes rivaux.

Avant la révolution du mois de juillet, dans mon écrit sur la liberté du théâtre ; depuis cette révolution, dans plusieurs ouvrages où j'ai attaqué avec énergie toute espèce de censure ; mais sur-tout dans ma tragédie de Charles IX, qui a brisé pour jamais les chaînes dont on avait chargé, en France, le génie des poètes dramatiques.

Des Carmes-Déchaussés la rude république,
Avant d'en connaître un seul vers,
S'avisait de juger mon ouvrage pervers.

Quelques citoyens du district des Carmes eurent la bonhommie, car il faut être poli, de dénoncer à leur district la tragédie de Charles IX, dont ils ne connaissaient que le nom. Ce district eut la bonhommie, car il faut toujours être poli, de députer vers les Comédiens français, et vers la Commune de Paris, pour faire suspendre la représentation de la pièce. Cette démarche n'eut point de suite.

> Et devant la Commune, en très-mauvais français,
>> Poujaut la veille du succès,
>> Me dénonçait comme hérétique.

C'est le 3 novembre, veille de la première représentation de Charles IX, que Cicéron Poujaut jugea à propos de dénoncer cette tragédie. Il n'en connaissait pas un mot, non plus que le district des Carmes. L'accusation d'hérésie n'est pas avérée, comme on le croit bien ; mais la dénonciation est très-réelle. A l'objet du discours de l'orateur, et à son discours même, une partie de l'assemblée crut qu'il était ivre, ou qu'il était subitement devenu fou ; mais il est constant, malgré l'apparence, qu'en dénonçant Charles IX, Cicéron Poujaut n'était ni plus ivre ni plus fou qu'à son ordinaire.

> Et qu'un citoyen véridique,
>> Dans l'élan d'une ame énergique,
>> Proclamait L'ÉCOLE DES ROIS.

A la première représentation de Charles IX, au quatrième acte, un citoyen dit assez haut pour être entendu de ses voisins : *Cette pièce devrait s'appeler L'ÉCOLE DES ROIS.* J'ai adopté ce second titre. Le citoyen dont je parle est M. Maumene, négociant à Paris. Les gens curieux d'anecdotes sauraient quelque gré à un auteur, de leur avoir conservé le nom du

vieillard qui, à la représentation des Précieuses ridicules, s'écria du fond du parterre : *Courage, Molière !
voilà la bonne Comédie.*

Le soir, le lendemain, vingt lettres anonymes
M'annonçaient un assassinat.

Le jour même de la première représentation, on
m'avertit que la pièce ne serait pas seulement commencée ; que je serais sifflé, hué, et qui pis est, égorgé.
Beaucoup de gens au parquet avaient des pistolets dans
leur poche. Un quart d'heure avant le lever du rideau,
un homme eut la bêtise ou la méchanceté d'aller dire
à Madame Vestris qu'on tirerait sur elle et sur le
Cardinal, aussitôt qu'ils paraîtraient : mais le public
imposa silence à la cabale imbécille qui se flattait d'é-
craser cette tragédie patriotique ; elle fut écoutée avec
une attention parfaite, et le silence ne fut troublé que
par des applaudissemens universels. La pièce fut bien
jouée ; et, dans les représentations suivantes, le jeu
des acteurs s'est encore perfectionné. MM. Vanhove,
Naudet, Saint-Prix et Saint-Fal, rendent avec beaucoup de vérité les rôles de l'Hôpital, de Coligni, du
cardinal de Lorraine et du roi de Navarre. Catherine de Médicis et son fils Charles IX, sont représentés
supérieurement par Madame Vestris, et M. Talma
qui, très-jeune encore, a déployé dans cette pièce un
talent fort rare. Plusieurs personnes ont déposé dans
le procès de l'insensé marquis de Favras, qu'il avait
voulu faire tomber Charles IX, à la troisième représentation, moyennant 18 ou 20,000 liv.

Des Gautiers, des Charnois disciple infortuné.

M. Gautier, qui n'est pas même Gautier Garguille, est un écrivain des charniers, auteur d'une misérable feuille intitulée *Journal général de la cour et de la ville.* Les gens qui lisent tout, m'assurent que je suis souvent attaqué dans ce journal. Si M. Gautier peut gagner un écu de plus en me dénigrant, il fait son métier de folliculaire, et je l'exhorte à continuer.

M. de Charnois, écrivain très-inférieur à la classe médiocre, est pourtant supérieur à M. Gautier. Il a, comme Perrin Dandin, la fureur de juger ; mais il se borne à vouloir juger de littérature, et sur-tout de littérature dramatique. Il est d'ailleurs fort ignorant. Il fait aussi un journal intitulé *le Spectateur national.* Il s'y est permis plusieurs mensonges sur la tragédie de Charles IX : je ne compte pas les absurdités. M. de Charnois a deja été couvert de boue par M. de la Harpe, M. Palissot, et plusieurs autres écrivains distingués. Vouloir augmenter son ridicule serait une entreprise impossible. C'est un de ces gens auxquels on ne saurait dire pis que leur nom.

> Faut-il que la race nouvelle
> Apprenne et l'existence et le nom d'un Suard ?

M. Suard était ci-devant censeur du théâtre : il est de plus membre de l'académie française. On a tort de lui contester ses titres littéraires ; il n'a tenu qu'à lui d'avoir une grande réputation : il lui suffisait de signer les lettres qu'il adressait au journal de Paris. Des gens dignes de foi m'ont assuré qu'il avait fait d'autres ouvrages. M. Suard jouit de sa gloire avec modestie : c'est une vertu de plus.

J'ai cru devoir profiter de cette occasion pour apprendre à l'Europe que M. Suard, M. de Charnois et M. Gautier barbouillent du papier à Paris.

> Syeys doit inventer les loix
> Que La Fayette doit défendre.

M. l'abbé Syeys, député de Paris à l'Assemblée nationale, est un de ceux à qui la France devra le plus de reconnaissance pour l'admirable constitution dont elle va jouir. Depuis J. J. Rousseau, je ne connais pas d'écrivain qui ait appliqué la philosophie à la politique avec autant de profondeur et de hardiesse.

Le nom de M. de la Fayette sera placé dans l'histoire à côté des noms d'Épaminondas, de Dion de Syracuse, et de Washington. Les défenseurs de la liberté sont les seuls véritables héros.

TABLE.